人生のことはすべて山に学んだ

沢野ひとし

角川文庫
22245

もう一度、あの山へ行こう

まえがき

家のまわりには多摩《たま》丘陵が波のように続いている。四〇分ほど曲がりくねった坂道を登ると小高い七国山《ななくにやま》がある。雑木林の冬枯れの頃は丹沢《たんざわ》山塊の山がくっきりと連なり、大山《おおやま》がピラミッド型にひときわ大きく見える。この景色が好きでよくこの付近を歩く。

山を眺めていると、すっかり忘れていた残像が不意に浮かび上がってきたりする。

大学生の頃に平日、学校をサボりふらりとケーブルカーに乗って大山に登ったことがあった。途中の参道の土産物店で名物のきゃらぶきを母親のお土産に買ったことを思いだす。

さらに野鳥観察のため何度も大山周辺を歩いてきた。

ある日頂上付近から双眼鏡で、自宅がある町田《まちだ》市の郊外を探していると、七国山のあたりがはっきりと認識できた。いつも見ている山から逆に見返すと、なんだか恥ずかしく、くすぐったい気持ちになった。

山は遠くから見ているだけでも、登っても、心の琴線に触れるものだとその時認識した。

山の挨拶
コンニチハ
…
コニ
チワ
オース
コン
オス、
チー
お先に失礼
コンコン
老人を
グフ
グフ
コンニチハ
コンニチハ
コンニチハ
おはよう
山の挨拶は度を越さない程度に
グーテンモルゲン
ダンク
グート

人生のことはすべて山に学んだ　目次

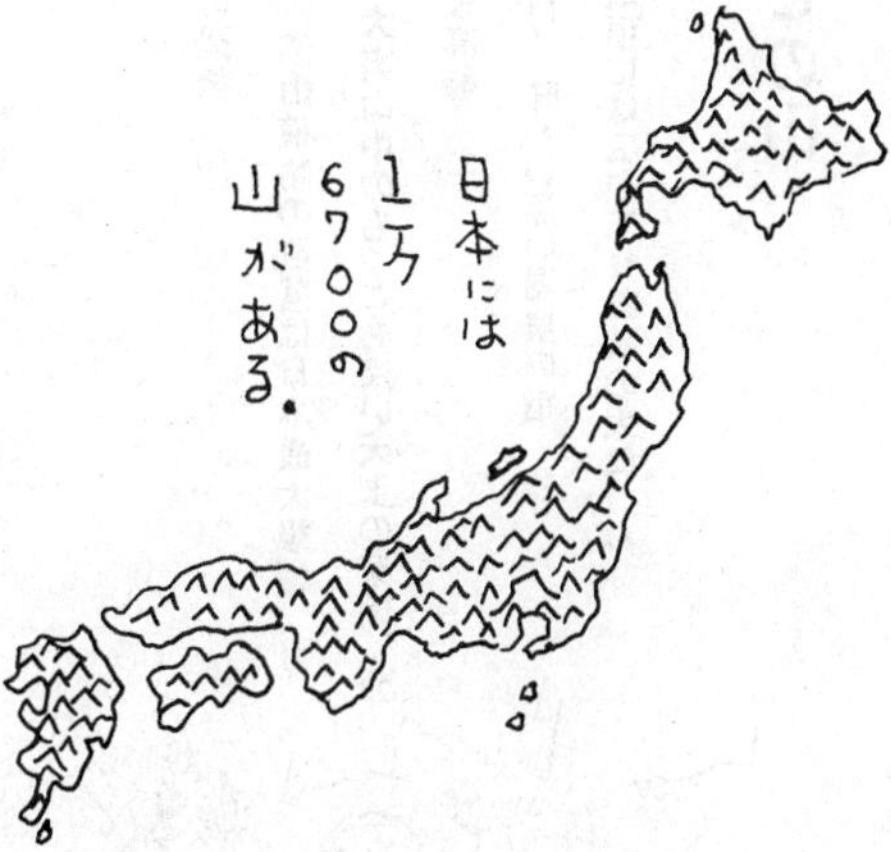

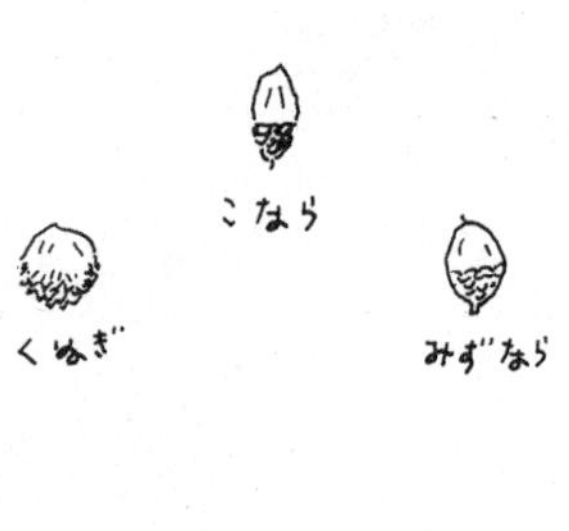
こなら
くぬぎ
みずなら

3章　私をつくった山　79

あかがし

かしわ

山のコラム

人はみな山に登る
ナマステ
エベレスト
マナスル
チャパティ
がおいしい
ニイハオ
你好
マントウ
カボチャの種
大根モチ
ちまき
ボンジュール
フランスパン
ワイン
チーズ
サラミ
ソーセージ
今日はよい
お天気ですね
おにぎり
インスタントラーメン
ヨーカン
雨具

1章

北の山

「山が逃げる」という言葉がある。
いつかあの山へと思っているうちに
月日が過ぎ機会を失うものだ。

1

利尻山

りしりざん ▲1721m

海洋上の孤峰

さいはての山

利尻山は北海道の北部、日本海に浮かぶ小さな利尻島にある。遠くから見るとまさに孤高の山といった姿である。さいはての山という語感がピッタリの山容である。天に突き上げるような鋭い北の山に、一度は登ってみたいと多くの人が憧れる。

「山が逃げる」という言葉がある。いつかあの山へと思っているうちに月日が過ぎ機会を失うものだ。歳月は人を待たずである。山登りは熱っぽく燃えている時が山も手招きし微笑む。

「利尻」はアイヌ語の「リイ・シリ」に由来し、高い島という意味だ。その名の通り利尻島は島全体が一つの山のように見える。

一般の登山コースは限られている。というのは頂上付近は鋭くそびえ立つ岩峰と岩稜で、登山道以外に人が足を入れるのは岸壁が脆くて崩落しやすく到底無理

である。一〇代の頃に冬の利尻山の写真を初めて見、ヒマラヤ高峰のような迫力ある山容に、「こんな山が日本にあったのか」と衝撃を受けた。頂上付近は槍の穂先のごとく鋭く尖った岩稜帯である。

標高は一七二一mとそれほど高い山ではないが、海抜ゼロmに近い海岸から歩くとなるとその高低差は穂《ほ》高岳《たかだけ》に登るより大きい。さらに北の海上にそびえる独立峰ゆえに、気象条件が一段と厳しい。

短い夏の高山植物

山頂付近のお花畑が見られるのは七月初旬からである。短い夏だけに登山者もこの一カ月間に集中する。飛行機で旭川《あさひかわ》へ、そして長距離バス、稚内《わっかない》港に向かい、フェリーで利尻の北側の鴛泊《おしどまり》港へと、やはり初日は長旅の疲れも増し、海岸の民宿で一夜を過ごす。

出発はポン山、西麓の樹林帯から登山開始となる。

ミヤマハンノキ、ダケカンバの葉が風に光って揺れている。次第に展望が少しずつひらけ、ハイマツの中をゆっくり体を慣らし登ってゆくと石碑のあるピーク、長官山《ちょうかんやま》が見えてくる。ここでひとまず休憩する。避難小屋には何人かの登山者が寛《くつろ》いでいた。

長官山を過ぎると大きく展望がひらけ、山頂も手が届きそうに眼の前に見える。見下ろせば隣の礼文《れぶん》島が平らにぺったりと広がっている。このあたりから鮮やかな黄色のボタンキンバイの群生やリシリヒナゲシ、チシマザクラの花々が可憐である。仲間の一人は高山植物をカメラに収めることを生き甲斐に山に来ている。大小のカメラを肩と首に下げ、じっくりと花にピントを合わせるのに忙しい。私は「置いてきぼりにしますからね」と最後の力を出して頂上を目指す。

利尻山は古くから信仰の霊峰として敬われてきた。島の人々はこの山に航海の安全と豊漁を祈り、北峰山頂には利尻山神社の奥宮《おくみや》として祠《ほこら》が設けられている。

山頂には北峰（一七一九m）と南峰（一七二一m）の二つのピークがあるが、南峰は崩落が激しく立ち入り禁止になっており、このために北峰を頂上としている。

山頂には長居は禁物

山頂からの景色に自然と笑顔になる。はるか彼方に樺太《からふと》がかすかに見え、さらに北海道の中心にある大雪《たいせつ》山系もうっすらと連なっている。南の稜線には切り立った岩峰群が鋸《のこぎり》の歯のように鋭い。頂上からほんの先には有名な「ローソク岩」が天を突くように立っている。

首からタオルを下げ汗だらけになって「カメラおじさん」がやっとのことで山頂に辿り着き、「いやあーいいねえ。これは最高」とご満悦。

私は沖縄の黒糖で疲れをとりながら、一〇代の頃から憧れた山にこられたことを感謝していた。何ごとにも飽きっぽい性格の自分が、こうして五〇代の終わりまで山登りを続けてこられたことが不思議でならない。

登る途中の三合目にあった水場の甘露《かんろ》泉水《せんすい》は、名水百選に選ばれた日本最北端の名高い湧水である。その水を水筒からゴクリと飲むと、まろやかで喉を通る時、その名の通り甘く感じた。

開放感と登頂の充足感を味わうと、山頂に長居は禁物である。海に囲まれた山の天候は快晴でも油断していると、じきに霧が出たり強い雨に叩かれる。下山路には人影がなく、私たちの五人グループだけだ。一本道で迷うこともない。串団子のように連なって歩くことはない。互いに好みの場所で気ままにカメラを向けたい。

ブルーの海と透明な山の大気に気分が晴れ晴れとする。体の中からすべての毒素が消えていくようだ。下りは疲れのためか膝が痛くなったのでサポーターを強く巻く。両手にストックを持ち、慎重に足を運んでいった。

2

大雪山(旭岳)

たいせつさん(あさひだけ) ▲2291m

高山植物の群落は日本最大規模

国内最大規模のお花畑

大雪山は一つの山を指す固有名詞ではなく、二〇あまりの連峰の総称である。その主峰が北海道で一番高い旭岳だ。大雪山国立公園の面積は神奈川県全域とほぼ同じである。

旭岳へは標高一六〇〇mの姿見《すがたみ》駅へロープウエーで労せずに上がる。大雪山はアイヌ語で「ヌタクカムウシュペ」(川の湾曲部の上にいる)、また「カムイミンタラ」(神々の遊ぶ庭)とも呼ばれている。姿見の池に立つと、地肌がむき出た荒々しい火山岩の周りは、豊かな高山植物の群落が広がり圧倒される。わが国でも最も規模が大きいお花畑と言われ、またナキウサギや国指定天然記念物のウスバキチョウなどの蝶類も棲息している。

山頂西側の爆裂火口からは白い噴煙が揺れている。

そして豊富な積雪と一面の高山植物。ロープウエーで

観光客が次々と波のように訪れる理由もこれで納得できる。だが軽装で旭岳に向かう人たちを見ていると、天候が荒れた時が心配だ。「神々の遊ぶ庭」だから私たち人間どもは謙虚にならなくてはいけない。

「温泉は見たら入る」

さて歩きだすと白いキバナシャクナゲの群落に見とれ、チングルマ、ツガザクラ、コマクサ、キンバイソウと花に足が止まり、一向に前に進まない。

二時間も歩くと温泉が噴き出している場所があった。温泉といってもあたりには囲いもなく、裸になれば通過する登山者にジロジロ見られる運命となる。さらに腰までしかない湯量である。前夜宿泊した旭岳温泉の宿で湯を浴びてきたので、私はもう湯に興味がない。なぜか仲間の二人は湯を覗いて笑っている。

「オレたちは山に登りにきたの」と私が言うと、「温

大雪山からトムラウシ

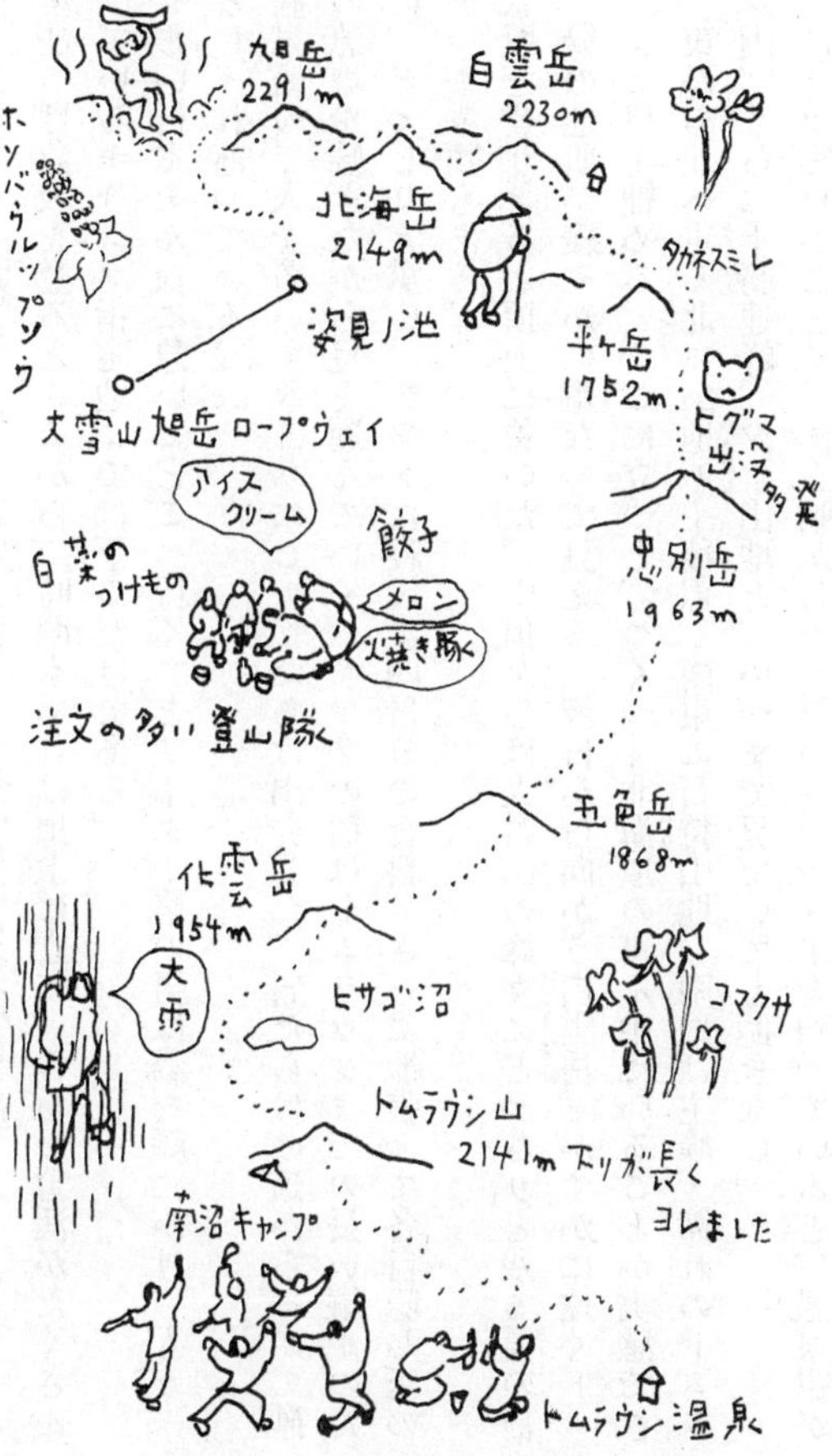

旭岳
2291m
白雲岳
2230m
ホソバウルップソウ
北海岳
2149m
タカネスミレ
姿見ノ池
平ヶ岳
1752m
ヒグマ
出没
多発
大雪山旭岳ロープウェイ
アイス
クリーム
餃子
白菜のつけもの
メロン
焼き豚
忠別岳
1963m
注文の多い登山隊
五色岳
1868m
化雲岳
1954m
大雨
ヒサゴ沼
コマクサ
トムラウシ山
2141m 下りが長く
ヨレました
南沼キャンプ
トムラウシ温泉

泉は見たら入るもの」と、リーダー格の男はなんの迷いも見せず裸になって温泉につかり、「あんたら山登り、ハイご苦労さん」と頭にタオルで鉢巻き姿。

旭岳へは急坂を登るとここから二時間もあれば頂上に立て、さらに雪渓がたくさん残っているキャンプ指定地までは下るだけである。

「せまい日本そんなに急いでどこへ行く」とリーダー格の男は湯を顔にかけ、もう一人とじゃれあっている。

温泉組の二人を置いてきぼりにして私たちは出発した。岩だらけの道からやがて砂《さ》礫《れき》の急坂を喘ぎながら足を運んでいく。ザックの荷はトムラウシまでの長い縦走のために、どっしりと重い。テントに寝袋に四日分の食料。さらに欲張って各自隠し玉の酒とつまみ類もある。

急坂を登りきると頂上に着いた。山頂からは大雪山の峰々にどっさりと残る雪の白と、緑の地肌が緩やかに重なって見える。翌日から向かう白雲岳《はくうんだけ》、かすかに遠くトムラウシに目を細める。ここに立つと、つくづく北海道の真ん中にいることが実感できる。東から北へ走る北見《きたみ》山地の主稜線、南東に石狩《いしかり》山地。南には主峰・憧れのトムラウシ山、さらに十《と》勝《かち》連峰、夕張《ゆうばり》山地と、いつまで見ていても飽きない。

パノラマ写真のごとく、体を動かしカメラのシャッターを切っていると、温泉組が真っ赤な顔をして、しかも汗をボタボタ垂らしながら登ってきた。

「早いお着きですね」と私が言っても体中で息を吐き、言葉が出てこない。山頂からキャンプ地まで全員残雪の中を滑るように下りていく。

残雪の上にテントを張り、銀マットを広げると「やれやれ」と落ち着き、各自予定の行動に出る。食事係はガスストーブでまず雪を溶かし湯を作る。そして分類されたビニール袋から下ごしらえされた野菜を取りだす。今夜はトン汁に鷹の爪がそのまま入った野菜炒めだ。

夏のテント縦走は食料に頭を痛める。どうしてもレトルト食品が多くなるが、それだけではテントの中の食事、さらに宴会が寂しくなる。こんな時に役に立つのが超小型の軽いクーラーボックスである。

少しでも傷まないようにと味噌をまぶしたブタ肉が入っている。そのまま焼いても満足できる。そしてトン汁と活躍する。さらにブロックのベーコンもなにかと重宝する。

爆弾と武器

その名もおそろしい「爆弾」というつまみも味わい深い。作り方は至って簡単で、シェラカップに醬油と日本酒を少し入れ、そこに鷹の爪五本と煮干しを投入し、沸騰

させるだけである。この煮干しが酒のアテに最高で、残りの醤油はその後ペットボトルに移され、万能調味料となる。

「オーイ飯ができたぞ」。飯炊きおやじの声を聞くと各テントから奇声を発し、「武器」を手に大きなテントに集まってくる。箸やスプーンなどのことを「山屋」の言葉で武器と呼ぶ。料理を争って食べるから武器となる。シェラカップに箸、さらに酒用のコップを持って、トン汁の鍋に座る。テントの中では無駄な動きは禁物である。ヘタに動くと、鍋をひっくり返したり、天井のランタンを落としたりとロクなことはない。

各自の隠し玉の鰻の缶詰などはまだ登場しない。テント山行《さんこう》では食料計画がまず大事である。食料の補充ができない山に何日も入るので、いい加減にはできない。山小屋の多い山なら食料がなくなっても助けを求めることができるが、大雪山のように無人の避難小屋ではせいぜい待っているのはエゾヒグマぐらいである。

夕食イコール酒宴となるが、各自好みのペットボトルに日本酒、焼酎、ウイスキー、さらに缶ビールと、相手に見られないように隠している。これから長く険しい道のりが待っている。テント内での一杯で体も心も元気になるものだ。爆弾の煮干しをかじりながら、「クーッうめえなあ」と雄《お》叫《たけ》びが上がる。これが天空の高級料亭の醍醐味というものだ。

3

トムラウシ山

▲2141m

大雪山中のもっとも深い天上の楽園

神々の遊ぶ庭

北海道のど真ん中にあるのが、大雪山のへそトムラウシ山である。へそなだけに内陸地に位置し、どこから入るにも遠い。登山口までの交通も容易ではない。まさに「神々の遊ぶ庭」がピッタリの花の美しい山である。

トムラウシとはアイヌ語で「ぬらぬらした、水垢の多い土地」という。上流に温泉があり、水垢が多いことによる。もう一つの説は花や草木に覆われた山という。

大雪山系の最深部にあたるトムラウシ山はいつか登ってみたい北の憧れの山である。さらにこの山は『日本百名山』の中で唯一、片仮名で山名が表記されているのも面白い。

七月の初旬に私たちは大雪山の旭岳からトムラウシ山へテントにて三泊の縦走をしたが、高山植物と点在

する湖沼の風景に魅了された。おそらく日本の山の中でこれほどお花畑が凝縮された贅沢なコースはない。ただし北海道は二〇〇〇mクラスの山でも本州の三〇〇〇mを超す気候である。夏でも雨に打たれると体力は著しく低下する。山小屋も無人の避難小屋で数も少なく、それだけ食料、寝袋とテントと装備が増し、行動が鈍くなる。

旭岳の裏側で一泊した後、もう一泊は白雲岳避難小屋の前のテント場であった。たしかにこれは近い距離である。忠別岳《ちゅうべつだけ》の下でもう一泊していよいよ五色岳《ごしきだけ》、化雲岳《かうんだけ》、そしてトムラウシ山までのロングコースが待ち受け、その間は良いエスケープルートがない。

あそこにヒグマ

天気と睨めっこをして一気にトムラウシ山の南沼《みなみぬま》キャンプ指定地まで進むしかない。歩行時間は長いが、

岩場のような危険なところはどこにもない。

エゾノツガザクラ、イワブクロ、チシマキンバイソウなどの高山植物が美しい高根《たかね》ヶ《が》原《はら》を歩きながら誰かが、「これほど緊張感のない山も初めてだな」と眠そうな声を出すと、

「あっ、あそこにヒグマが」と尾根道の下の広大な残雪を指差した。たしかに黒い動物が雪の上を歩いていた。この下はヒグマの出没する場所で有名である。下の高原《こうげん》温泉までの下山路はヒグマのために通行止めになっている。

抜けるような青空の下を、あたりの景観を堪能しながら、なんとなく山の歌を心の中で唄いながらリズムを取る。ただしゆっくり休んではいられない。五色岳から化雲岳まで来ると、次第に天候が悪化して来る。これは、どうしてもトムラウシ山を越えていかなくては下山路がない。

「今日は昼飯はありません。行動食だけです。歩きな

がらなにか食べてくださいね」とリーダーに言われる。お茶を沸かしている時間も惜しいので、小休止の時にさっと口にできる、クラッカーの袋がザックの天蓋《あまぶた》にしまってある。

冷静なリーダー

高山植物を守るための木道歩きの後は、岩だらけのロックガーデンに進み、さらに大岩の急登を最後の力をふりしぼり、トムラウシ山を目指す。だがこのあたりでメンバーの歩行がバラつき始める。こういう時こそリーダーの判断が大事である。遅くなりつつある人の後ろに付き、励ましなだめながら、岩に手を置き急《きゅう》登《とう》を登る。足腰がフラつきへたり込むようになってきたら、山慣れしていない者の荷を分けて仲間が背負う。遅れた者を見捨てるように先に進むと、遅れた者はなおさら焦り、気が動転して体が硬くなる。

頂上までもう一歩のところで突然風が強まり大雨が降ってきた。降りしきる雨でまったく前が見えなくなってしまった。すぐさま雨具を着て、ザックカバーをかけ、つまらない事故がないように自分自身に気合いを入れる。

リーダーは一行を二つの班に分け、「頂上は明日にして、先行チームは南沼のキャンプ地まで進んでくれ」とどしゃぶりの中で叫んだ。

夏とはいえ北海道の山は雨が降れば寒さのため震え上がる。

ベテランと新人の違いはこういう時に出てくる。新人は足が重くもつれ、叩きつける雨風に冷静さを失う。あらゆることを何度も山で体験したベテランは、「あと三〇分、あと一〇分」と励ますように笑っている。山の荒れ狂う天候を楽しんでいるようだ。リーダーを前に、新人、私とサンドイッチに挟み、ゆっくりと山腹を登っていく。

登山靴の中にも雨水が入り込んでくる頃、遠くにボーッと南沼キャンプ指定地が見えてきた。先行した黄色いテントが実に頼もしく見えてくる。テントを覗くと、すでに湯が沸いており、「ハイご苦労さん。今夜の夕食はトムラウシチャーハンです」となんだか愉快そうに笑っていた。

4

羅臼岳

らうすだけ ▲1660m

知床《しれとこ》の最高峰

秘境

知床半島の全長六〇キロを中央に貫く知床連山。その最高峰が羅臼岳である。富士山《ふじさん》のようにどっしりとした姿からチャチャヌプリ（爺さんの山）とも言われている。知床の語源は「シル・エトク」と言われ、「地の涯《はて》」の意味だ。世界遺産に指定される前の知床はまさに秘境であった。

現代の日本では秘境と言われる土地はほとんどなくなってしまった。あるとすれば知床の沢などが秘境かもしれない。大きな台風が来るたびに沢は崩れ、滝の形も変わってしまう。知床の沢は奥が深く、人を容易に近づけない。

私たち四人は羅臼岳への縦走路に突き上げる尾根を目指し、モセカルベッツ川を遡行《そこう》することにした。モセカルベッツ川の沢登りは中級向きと言われるが、四季を通して一帯を歩いている山岳写真家の案内人がいたか

らこそ登れた。山の標高はたいしたことがないが、海抜ゼロmからの出発だから、登り応えは充分あり、なめてかかるとアゴが上がる。羅臼岳までは予備日を入れると山中で二泊は欲しい。稜線には山小屋がないので、すべての荷を担ぎ上げなくてはならない。

沢に獣の匂い

北海道での初めての沢登りとなったモセカルベツ川は、私にとって秘境そのものであった。沢の中に絶えず獣の匂いが広がっていた。普通の山登りとは違い、装備に足が滑らない沢登り用の渓流シューズ、安全を確保できるベルト、ロープ、さらに二万五〇〇〇分の一の地形図。これがあると自分たちの位置が明確に分かる。

河口付近にオショロコマの魚影が走る。沢床の岩質は荒く、渓流シューズがよく効き快適に登っていく。

やがて三段の小滝が現れるが、ロープを出すことなく通過した。全員まだ余裕があり笑いがある。だが地面にヒグマの足跡や大きな糞がある。

小休止すると「餡ドーナツ食べます？」とクマ除けの笛を首から下げた一人がザックを広げた。個包装のドーナツが出てくる。私は「甘い餡は苦手だな」と手を横に振った。「あとでぜったい欲しがるから」と真面目な顔をして言うので「今は食べないがもらいます」とザックの天蓋にしまった。

小さな滝をいくつか登って行くと標高五〇〇m地点にある、落差三〇mほどの大滝に辿り着いた。この辺が沢の核心部である。リーダーの男が崖を忍者のごとくスルスルと登り、ロープを上の灌木《かんぼく》に結ぶ。傾斜が緩いので、さほどてこずることなく越えていくが、最後に立ちはだかる垂直の泥壁に苦戦する。上部が狭く樋《とい》状になっており、怖がって体を中に入れると身動きができなくなってしまう。ロープで確保されているとはいえ、背中のザックが重く体がスムーズに上がらない。私はやっと上段の安全な場所へ登り、自分の持ってきた短いロープで自己確保して、大きく深呼吸をする。

「旨い、甘い、ありがとう」

仲間の一人に、尾根歩きは慣れているが、こういう沢登りや岩場に弱い女性がいた。

とりあえずザックを先に上げ、空身《からみ》になって上がってもらうが、何度も足を滑らせて泣きそうな顔をして上を見つめている。こういう時は二人がかりで引き上げてしまうのが手っ取り早い。

沢を越えると次第に谷は狭くなり、沢の終わり、源頭部が現れた。九月とはいえまだ雪渓が残っている。やっと稜線が間近に見えてきた。最後の沢登りで苦戦した女性にも笑顔が戻ってきた。

ハイマツ帯を越えて、知円別岳《ちえんべつだけ》までの稜線にくると、さすがに力尽き、よれながら辿り着いた。少し歩くと広い幕営地が見えてきたので、ここにテントを張ることにした。もう私にはこれ以上歩く元気はなかった。

早朝から薄暗くなった尾根道まで、いったい何時間歩いたのだろう、おそらく十二時間は超えたはず。ザックの中から例の餡ドーナッツを取り出して口にする。そのおいしさに思わず、「旨い、甘い、ありがとう」と天を仰ぐ。その夜の食事は北海道名物、生さけのチ

ャンチャン焼きで盛り上がる。

さて、翌日から天候が思わしくなかった。テントを撤収して、オッカバケ岳、サシルイ岳、三《み》ツ峰《みね》を越えていくのだが、あたり一面、霧に覆われ視界がまったくない。雨になってきた。

ハイマツ沿いの山岳道を、うなだれながらひたすら羅臼岳を目指す。晴れていれば「海上の縦走路」の名のごとく、オホーツク海と太平洋が同時に見えるのに、雨具を上下まとい、皆さんの口数は極端に少ない。

大きな岩が積み重なった羅臼岳山頂は意外と狭かった。一面の霧や雨の中で、渋い顔をした記念写真を撮った。あとはすぐ下山にとりかかる。頭の中は麓の羅臼温泉でいっぱいである。

「ここから先、危険なところはありません」とガイド係は一人、どんどんスピードを上げて下っていく。残された三人組はゆっくりとハイマツに覆われた山道から川沿いの道を滑らないように注意して下っていく。雨はいよいよ本格的になってきた。立ったままひと息つくと誰ともなく、「餡ドーナツ食べようか」と言った。

5

ニセコアンヌプリ

▲1308m

味わい深い温泉の宿

冬スキーで人気

夏の登山もさることながら、冬のスキーで人気が高い山である。雪質が日本で最も良いとされ、スイスのサンモリッツにならって「東洋のサンモリッツ」と呼ばれている。登山基地となる日比布《ぴっぷ》、五色《ごしき》、湯本《ゆもと》と良質な温泉が並び、民宿やロッジは賑わっている。大規模なスキー場が開かれ、五月まで滑降できる。

そこを流れる川をアイヌ語で「ニセコアンベッ川」（断岸に向かっている川）と呼んだことからその名が山名になった。

丘陵や森林を気の向くままに歩くスキーを「クロスカントリー・スキー」（クロカン）と言い、スキーの原点である。いわゆるリフトやゴンドラが整ったゲレンデスキーと、スキーの楽しみ方を大きく二分している。北海道やなだらかな東北の山はこのクロカンに理想的なフィールドが数多く広がっている。

パウダースノーに身を任せ、ニセコの頂上から滑り降りる快感を体感するとクロカンのとりこになるはずだ。雪の中を歩くには、「かんじき」が昔から日本にはあったが、機動力ではスカンジナビア半島で生まれたクロカンスキーに軍配が上がる。一般のスキーとの違いはスキー板が細く、軽く、また板から靴のかかとが上がるヒールフリースキーイングになって、自然な歩行が可能になる。

ゲレンデスキー板は滑ることに重きを置いているが、クロカンはあくまで雪面を歩くほうにと構造や道具が作られている。

滑らなかった

二月の終わりの頃に温泉付きロッジに一週間、友人と滞在した。スキー道具だけではなく、長期のため仕事用の道具も抱えていった。背中には巨大なザック、

右手にスキー板、左手に仕事用の袋と両手を塞がれ、飛行機で札幌《さっぽろ》に向かい、ニセコまでバスで走った。

　絵や原稿書きの仕事が遅れ気味になっていたので、まだ暗い早朝から午前中は部屋にこもって執筆、と優雅に気どってみたが、スキー同様にうまく滑らなかった。友人は天体分野が専門のライターであるにもかかわらず、星が出る頃はいつも酒に負け飲んだくれている青年である。それでも小型の双眼鏡を持ってきたのは健気《けなげ》な心がけだ。そして山野のフィールドに至って詳しく、体力があり、クロカンにも強い。

　ニセコの連峰周辺はクロカン散策にもってこいのコースが多い。一歩ゲレンデを離れるとササとダケカンバの林に覆われ、静寂そのものである。すべての音を雪が吸い込み、雪面をスキーがこする音しかしない。登るにしたがいウサギやキツネなどの動物の足跡が目に入る。

　ただしゲレンデと違い、絶えず危険が待ち受けてい

る。頂上付近に大きく張り出した雪庇《せっぴ》、見るからに雪崩を起こしそうな斜面、天候が悪くなると、ルートが不明瞭になる原野。夏の登山と違って標示板や道標が雪のために消えてしまう。絶えず現在地を確認しながら行動することが大前提である。

欠かせない装備

私のザックの中には、たとえ日帰りコースであっても、ヘッドランプやツエルトなどの非常用装備に二万五〇〇〇分の一の地図と磁石、さらに熱い湯の入ったテルモスが入っている。装備のチェックは夜寝る前にかならず行なった。

ニセコ連峰周辺は初訪だったわれわれ二人は、宿の主人に迷いやすいところ、雪崩の危険箇所などを、地図に赤エンピツで印をつけてもらった。さらに詳しいルート図もコピーして検討を重ねた。

　ニセコの頂上は広い雪面が広がり展望を遮る樹木はなく、羊蹄山《ようていざん》が雪の上に頭だけ出して見える。札幌郊外の山や積丹《しゃこたん》半島も一望できる。

　ここから一気に五色温泉までダウンヒルで滑っていきたいところだが、樹木がまったくない左側の急斜面が気になる。陽が長くなり、なんとなく雪崩の気配がして不気味な感じがする。さらに午後から温度がやけに上がってきている。

　天体青年と顔を見合わせしばし沈黙する。スキーは滑ってしまうと、二度と後戻りできない。

「戻りますかね」と彼は落ち着いた声で言った。

「そうしましょう」あっさり私は頷き、スキー板を一八〇度ターンさせた。

6

後方羊蹄山

しりべしやま ▲1898m

山頂には
広いすり鉢状の火口

神の水

春の一日、後方羊蹄山の山頂からスキーで滑ってきた。雪を被った後方羊蹄山はどっしりと裾野を延ばし、蝦《え》夷《ぞ》富《ふ》士《じ》の異名通りの形をしている。地元の人は「羊《よう》蹄《てい》山《ざん》」とも呼んでいる。

リフトなどが整備されたゲレンデスキーとは違い、山の上から滑る山岳スキーとなると、指導者の元で何度か経験を積まないと危険を伴う。リフトなどの設備が整ったゲレンデスキーには一〇代の頃から慣れていたが、山岳スキーは三〇代の終わりから学んだ。

この時は、陽光あふれる春の終わりに、スキー板とピッケルを手に、ザックにスケッチ帖と水彩道具を入れ飛行機で札幌に向かった。

ニセコ町のロッジを経営している主人に誘われ、まだ暗い早朝に四人で登山口の羊蹄山自然公園に向かった。

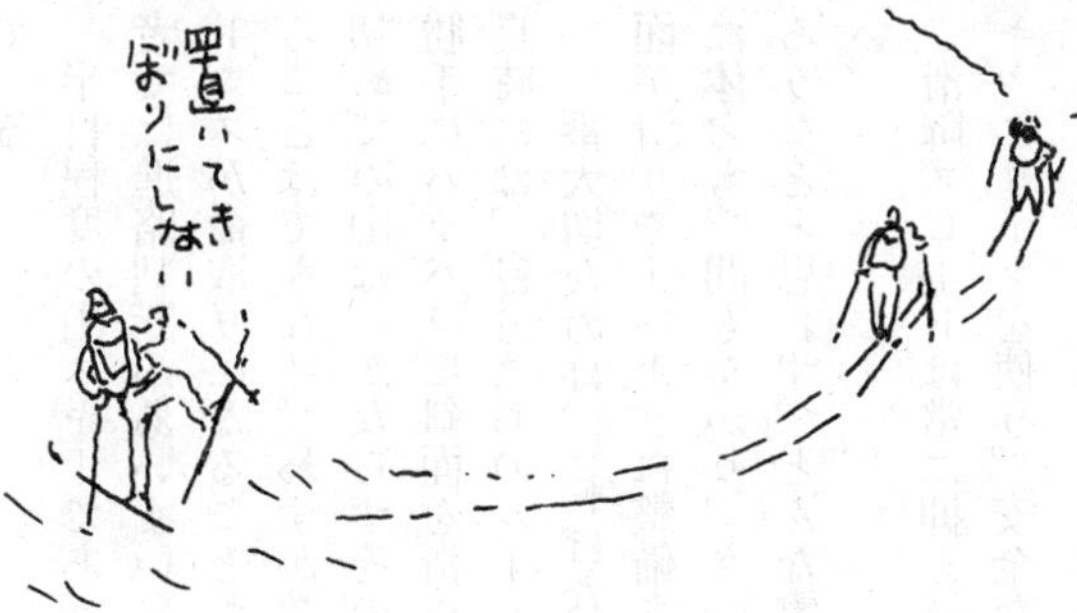

この公園のミネラルウォーターがおいしいと評判である。五〇年前に山の土中にしみ込んだ雨や雪解水が、四季を通じて流れ出している。遠くから車で汲みに来た人で賑わっている。「カムイワッカ（神の水）」とも呼ばれ、訪れた者しかその喉ごしを経験できない。まさに贅沢な甘露水である。

スキーを履いて登るためには、滑り止めのシールが必携で、昔はアザラシの皮でできていたが、現在はナイロン製がほとんどである。

ルートミスが命取り

天然林のダケカンバの雪面を、突き上げるように登っていく。四合目でひと休みするのだが、照りつける陽で、すでに数日前からのスキーで顔は真っ黒に日焼けして痛い。サングラスを外すと北海道とはいえ、春山そのものの穏やかな、気持ちが明るくなる風が吹いている。

半日程度の山スキーであるが、迂闊《うかつ》に登ると雪のために指導標が期待できず、初級者では進路判断があいまいになってくる。さらに山岳スキー最大の落とし穴は、ルートミスが命取りになることだ。山道とは違い、ルートを外したからといってすぐに戻ることはできない。わずか数分間の下りでも、登り返しに一時間以上かかってしまう。初めての山は、かならずその山の地形に詳しいリーダーにしたがうことだ。初心者が勝手にバラバラに斜面を滑ることはまさに遭難に近づくことである。とりわけ視界不良時には、自分たちのルートが正しいのか、常に地形図でチェックする必要がある。

一番大切なのは、「転ばないように滑る」こと。ゲレンデのスキー場とは違い、雪面が滑りやすいように整備されていない。仮に深雪の中で転倒すると、起き上がるのに体力も時間もかかり、さらに置いてきぼりにされ、気持ちが動揺する。恰好良く滑ろうなどと思わず、どんな雪質でも両足でふんばり、ぜったいに転ばないようにしたい。

滑降スピードは常に抑え気味にして、ちょっとでも不安を覚える急斜面では何度もキックターンを使う。安全なところまでゆっくり滑ることが身を守る。

眼下に洞爺湖

　私はそれまでリフトを使用した山岳スキーを安達太《あだた》良《ら》、苗場《なえば》、八方尾根《はっぽうおね》などで経験してきたが、後方羊蹄山のようにまったくリフトがない山は初めてで、これは体力勝負に尽きてしまう。森林限界を越えると、傾斜が次第にきつくなってきた。熟練組はリズムに乗って登って行くが、そろそろ私はへたばってきた。

　山岳スキーの腕がプロ並みの宿の主人は、「板を外したほうが歩きやすいですかね」と笑って言った。私はザックの横のテルモスの湯をひと口飲み、スキーを担ぎ頂上までの最後の急登をジグザグに登っていった。

　この山の良いところは、広大な火口壁の一端に着けば、一応登頂となることだ。頂上は運動場のように広い。ニセコアンヌプリが目の前に大きく見える。どの山も真っ白に雪を被り、まぶしく光っている。遠くに日高《ひだか》の山群が広がり、眼下には洞爺湖《とうやこ》も見える。

頂上からの大滑降がいよいよ始まる。次々に滑っていくメンバーが羨ましい。しかし上から見ると斜面があまりにも急で私は足がすくんでしまった。

思い悩んでいるとリーダーは「少し下がったところから滑りましょう」と優しいことを言ってくれた。そしてまるで大きな山を一人占めするように先に斜面を下っていく。あれほど苦労して登ってきた斜面もあっという間に樹林帯に下りてしまう。

一人になり、振り返ると頂上に雲海が重なっている。物音がまったくしない静かな北の斜面を私は滑っていった。

山のコラム 1

山の食事

　山の食事は時間をかけないに尽きる。火も水も使わず早く口にできるものが好ましい。長い縦走になると、食料でザックが重く膨らんでくる。すべて背負って登るので米一粒、アメ玉一個も粗末にしない。山で食べるものには、それだけ感謝が深まる。

　山登りを始めた頃は、心配のあまりあれこれ食べ物を持参した。しかし慣れてくると、「食べなくても遭難はしない」と確信するようになった。ネパールのトレッキングに何度か出かけた時、シェルパの食べ物は実にシンプルだった。小麦粉やトウモロコシをくだいてチャパティを焼き、トウガラシをすり潰したものをつけて２週間食べ続けていた。

　また、スイスではガイドの食事が、極めて質素で驚いた。フランスパンにチーズだけで３日間過ごしていた。

　普段、不摂生な生活習慣で食べ過ぎている者は、山では飽食はやめて、体重を減らすに限る。日帰りはおにぎり２個で充分である。

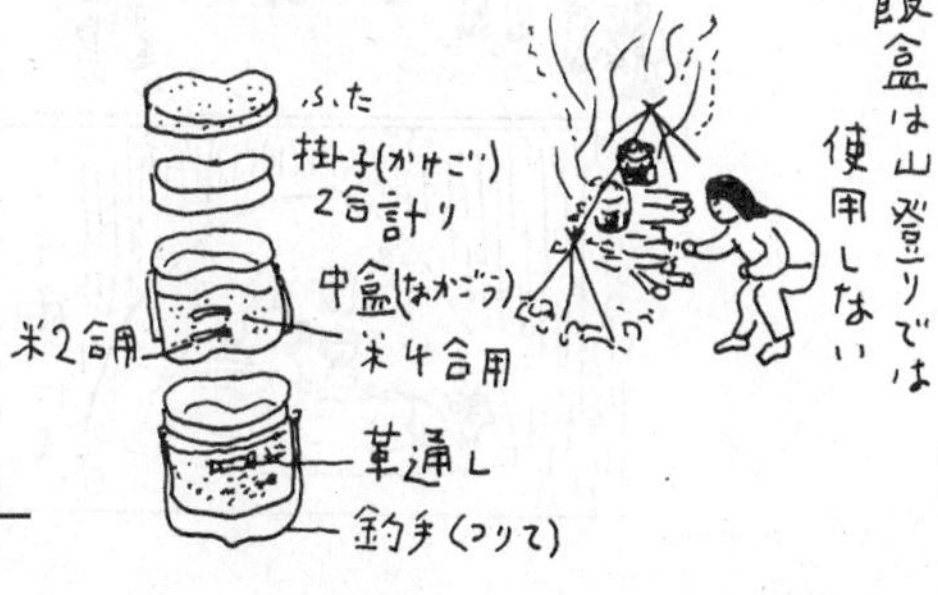

さすらいのテントボーイ
あなた気を付けて
男は山だ
孤独なテントボーイ
今日は穂高
ヨロヨロ
明日は鹿島槍ヶ岳
まだオ
いつも雨いつも雨
でもでも
楽しい

2章

いつもの仲間との山

山に入ると、
都会にいる時はおしゃべりの人が沈黙し、
いつもは無口の者が饒舌に話しだす。
空の青さが人の性格を変えていくのだ。

7

八甲田山

はっこうださん　▲1584m

本州最北の火山群

一夜で背丈超の積雪

青森市内から八甲田連峰を眺めると、たしかに屏風のようだ。いくつかの山が連なって甲《かぶと》のようにも見える。最高峰の大岳《おおだけ》（一五八四m）、前岳《まえだけ》、田茂萢岳《たもやちだけ》、高田《たかだ》大岳と八つの峰があり、これはみな火山活動によってできた山々である。さらに山中の各所に「神田《こうだ》」と称する湿原や、池塘（高層湿原にできる小さな池）が多く、「八神田《はちこうだ》」から八甲田を当てたとする説もある。どのコースの山麓にもいで湯の宿があり、山の帰りに体を癒してくれる。

青森市内には三〇年来の友人がいる。この地を何度訪ねたか数えることはできない。

八甲田といえば一九〇二年（明治三五年）一月の青森歩兵第五連隊、一九九人の遭難事故が痛ましい。夏の日に友人と雪中行軍遭難記念像の前に立つと、「なぜこんな穏やかな高原で大惨事が」と思うが、厳寒の

池塘《ちとう》

八甲田の雪の降り方はただならぬものがある。一夜にして優に背丈を超す積雪である。冬の強い季節風はトドマツの形さえも変えていく。

八甲田に登山客が押し寄せるようになった要因は一九六八年（昭和四三年）のロープウエーの開設がある。

これによって田茂萢岳までロープウエーの世話になり、親子で楽しみながら八甲田の一番高い大岳まで登れるようになった。

「停滞」の日

私たちが山に向かったのは一〇月の下旬の紅葉の真っ盛りの頃であった。一週間ほど前にいち早く雪が舞ったと聞かされた。たしかに山はすでに冬の季節風が吹きだし、あたり一面に冬の匂いがした。

前々日から現地に入り、野趣あふれる谷地《やち》温泉にて昼間から四人で宴会にふけった。何度も硫黄の強い湯につかり、夕方からは青森の日本酒を抱え、笑い転げていた。というのは朝から強い雨が降り、とても山に登る天候ではなかったからだ。こういう日を「停滞」といって各自思い思いに過ごし、日頃の都会の疲れをとる。

カメラマンの一人は、山登りは好きだが温泉が嫌いという。理由は「疲れるから」である。普通の人は疲れをとるために温泉につかるのに、彼は逆である。山男には偏屈な者が多い。

次の日も八甲田山は一面霧に覆われていた。天候が悪くなりそうなので、当初のロングコースはとりやめ、安全なロープウエーに頼ることにした。ありがたいことに宿の人がゴンドラの発着地まで送ってくれることになった。

八甲田のロープウエーはさすがに早い。約一〇分で一三二六mの山頂公園駅まで運んでくれる。いかにもこれから雨が降りそうな空模様だ。本来なら紅葉狩りの観光客で賑わっているはずだが、山道に入るのは私たち四人だけのようであった。

色とりどりの絨毯

尾瀬《おぜ》に次いで広い湿原と池塘が点在している。霧の中を急ぎ足で進む。チシマザサが密生し、赤倉岳《あかくらだけ》への登山道で汗をかく。山頂に祠があり一礼して、大岳まで、とに

かくがんばることにした。

迫力ある井戸《いど》岳《だけ》の火口壁の上を歩く。あたり一面に茶色の岩が重なり、爆裂火口におののく。大岳避難小屋を覗くと、登山者は誰一人おらず、私たちは意気が揚がらず行動食を黙って口にした。体が冷えないように、腰を下ろす間もなく山頂を目指す。晴れていれば遠くに津軽《つがる》海峡が見えるはずだが、あいにくの霧と強風のため視界が悪い。

下山路は酸ヶ湯《すかゆ》温泉に下る。高度が下がり、ハイマツ帯に入ると、風も収まり、あとはのんびりと上毛無《かみけなし》岱《たい》から下《しも》毛無岱の木道をポクポク下っていく。

この一帯の紅葉のすばらしさに全員からやっと感嘆の声があがる。ベンチに座りながら、色とりどりの絨《じゅう》毯《たん》を何百枚も広げたような湿原に満足する。

小腹がすいたので私一人で赤飯を食べていると、隣の男からヌッと手が伸びてきた。「一つだけだよ」と言って渡すと「酸ヶ湯は混浴で人気が高いんだって」

と彼は言う。私は「今頃はおばあちゃんだけだよ」と返した。

樹林帯に入ると、さらに紅葉が見事である。ジグザグな道を小走りに下るにしたがい、硫黄の匂いが強く体を覆う。大きな屋根の宿が見えてきて登山が終わった。雨に降られなくてなによりであった。今夜もいで湯のあとは酒盛りになりそうで怖い。

8

白神岳

しらかみだけ ▲1235m

美しいブナ林とクマゲラの山

日本初の世界自然遺産

一九九三年（平成五年）に世界自然遺産に日本で初めて登録されたのが、白神山地である。その主峰が白神岳（最高峰は向《むかい》白神岳）で、ブナ林に覆われた白神の山々は、ほかの山と比べ圧倒的に緑が山を包む。ブナは水をたっぷりと吸い込む樹木で、動物たちに潤いをもたらしている。クマゲラ、イヌワシなどの棲息地としても有名である。

登山口は日《ひ》野《の》林道を三〇分ほど登った地点から始まる。私達が登った時期は三〇年ほど前の初秋の頃で、まったく人に会わず静かな山行を満喫できた。

ブナやヒバの混交林の登山道を体をほぐすように歩き、二股分岐から川沿いに登っていく。

沢を遡行して登ることを「沢登り」といい、尾根を歩くのとは別の技術が必要になってくる。ロープやカラビナなどの登攀《とうはん》道具とロッククライミングの基本を身に付けなければ事故につながる。

白神岳への沢はそれほど大きな滝があるわけではなく、コースを熟知した地元の人に付いて行けば転落といった危険は少ない。

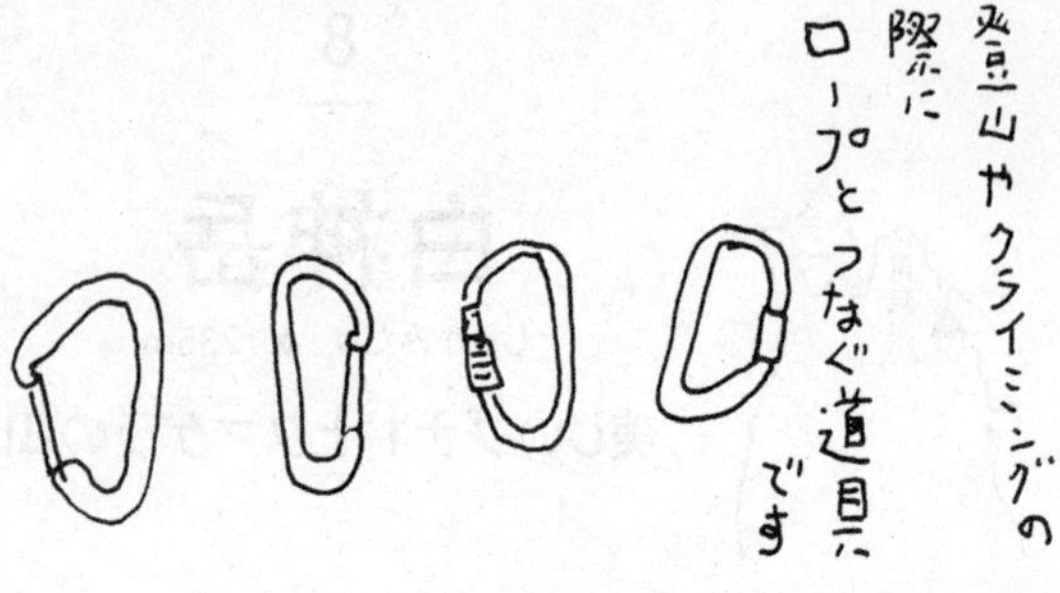

健康おじさん

白神山地などの奥深い沢は、渓流釣りの憧れの川となる。岩魚《いわな》を求めて上へ上へと岩壁に挟まれた谷を越え、尺を超えた幻の魚を探しに登る。登山者は頂にやすらぎを求め、釣り師は釣竿の揺れに祈りを捧げる。

広い河原を左右に渡りながら詰めていくと、石が積まれたケルンがあり、沢筋の枝に目印として赤いテープが巻かれている。大きな滝が見えてくると「今夜はここで幕営」と、あっさりと地元ガイドが指差した。

雨の降った後の増水時にこういう河原にテントを張るのはぜったいに避けなければならない。台風通過後

の沢の増水は危険極まりない。この時は長い間天候が安定しており、まったく心配はなかった。

世界自然遺産に登録された年から、この一帯は入山規制問題で揺れ動いている。まして私たちのようにテントを張るのはもってのほかになってしまった。

幕営が許されるのはほとんど人が入ることのない沢筋か、天候悪化による緊急避難の時ぐらいである。なお、山で生計を立てている地元のまたぎや、仕事として生活している釣り師はこの範疇には入らない。

山の言葉の中に「三四五《さしご》」という隠語がある。「三五の日立ち」ともいう。テント山行は出発までに何かと時間がかかる。寝袋の片づけ、朝食、テントの撤収、ゴミ拾いと忙しい。「朝の三時に起床、五時に出発」。これが基本で、冬山の場合はさらに早く、「二三四《にさし》」となり二時に起きる。太陽が上がると雪崩が多発するので早朝に距離を稼ぎたい。逆に前夜は四時頃から夕食作りに取りかかり、七時にはひと口、白湯《さゆ》を飲み、遅くとも八時には爆睡している。皆さん山に来ては都会の疲れをとっているようで、夜はやたら早く眠り、健康おじさんになってくる。

ブナの樹海と日本海

沢を二時間ばかり詰めると、それほど足場の悪いところもなく稜線上の縦走路にひょっこりと出る。ここで初めて白神山地の雄大なブナの樹海が目に入る。峰々が緑色で囲まれている。ブナ林の奥に青い日本海が広がり、そのコントラストが見事である。ほんの少し前までは白神岳は地元民か、秘境を求める登山家しか足を運ぶことがなかった。

それが一九八〇年代、白神山地を走る青秋《せいしゅう》林道の建設計画により「ブナ林の保護」と開発の議論が渦巻き、注目されるようになった。結局計画は中止になり、さらに世界自然遺産に入ってから一躍脚光を浴び、いき

なり登山者がどっと増加し、入山規制問題にまで発展した。

頂上から見渡すと、馬の背のように長く、地元の人に「白神の岳は九里もある」といわれるほどゆるゆると、穏やかな稜線が続いている。

ブナ林の壮大な眺めに満足したら、下山路の蟶山《まてやま》を目指して、満ち足りた気分で下っていく。日本海の海岸線がまさに手に取るように近くに見える。

9

大朝日岳

おおあさひだけ ▲1870m

天空の遊歩道

初心者も縦走可能

新潟県と山形県にまたがる朝日連峰の主峰が大朝日岳である。朝日岳という名称は単独の山としては存在しない。登山者は一般に大朝日岳と呼び、古くは「剣《けん》頭山《とうさん》」とも称されていた。山形盆地から見える大朝日岳は、端整な三角錐をなし、ひときわ目立つ。

豊かなブナの原生林の奥にある山は、どこから入るにもアプローチが長く、長時間の歩行に音をあげる。さらに主峰の大朝日岳の頂上に立つだけではもったいないくらい名山の峰が続く。残雪と高山植物を堪能するならば、山中に二、三泊は欲しい。無人小屋しかないので、食料、装備品と荷が重くなるが、花々の咲き乱れる主稜線に裏切られることはない。まさに山上の楽園という名に恥じない山岳景観が待っている。

危険な斜面はまったくない。山慣れしたリーダーがいれば初心者でも縦走は可能である。私たちは泡滝《あわたき》ダ

ム―大鳥池《おおとりいけ》―以《い》東岳《とうだけ》―竜門山《りゅうもんやま》―大朝日岳―朝日鉱泉のコースを歩いてきた。あれから何十年たっても「いとしき娘」を思い出すようにわくわくした気持ちになる。
高山植物が一番咲き乱れる季節は七月初旬である。なんとしてもこの時期に山に入りたい。八月に入ると、山はすでに秋の風に包まれ、高山植物は身を硬くして隠れてしまう。

人の性格を変える山

縦走は稜線までの登りをじっと堪えるように、ひたすら汗をぬぐい我慢しよう。朝日連峰は標高がそれほど高くない。最初の難関、以東岳（一七七一m）まで登ってしまえば、あとはなだらかな山並みとなる。幻の魚、タキタロウが棲むといわれる大鳥池を見下ろしながら、肩からザックを外し、小休止とする。ニッコウキスゲ、可憐なヒナウスユキソウが咲き、晴れ晴れ

とした解放感に包まれる。

　以東岳の頂上は白っぽい花崗岩《かこうがん》で、その上に立つと飯豊《いいで》連峰、月山《がっさん》、鳥海山《ちょうかいさん》、さらに遠く日本海と飽きることがない展望が見える。山に入ると、都会にいる時はおしゃべりの人が沈黙し、いつもは無口の者が饒舌《じょうぜつ》に話しだす。空の青さが人の性格を変えていくのだ。黙々と歩いている時は、互いにほとんど無駄口をきかないが、小休止の時の「この黒糖元気ですよ」といった、たわいもない会話に山の友情を感じる。

　お花畑にコバルトブルーの池塘にと、下って行くと無人の狐穴《きつねあな》小屋が見えてきた。今夜はここがねぐらだ。残雪の水が豊富に流れているテント場は、本当に天国である。テント指定地と水場が離れているところは、水汲みや食器の後片づけに苦労する。

　中テント、小テントと組みあげると、夕食までが自由時間となるが、山男はじっとしていられない連中だらけだ。初日は重い缶ビールから飲むことになるので、残雪の下に置いて冷やす。食事班はタマネギ、ナスを細かく切ってカレーの仕度をする。

山の夕食はカレーが多い。大量に作れば、翌朝は薄めてスープにでき便利である。私が得意にしているのは、真空パックされたハンバーグをほぐし、そこに野菜を入れてからカレー粉を加える作り方である。

カレーの付け合わせはキャベツと決まっており、山に登る前にジャンケンに負けた者がキャベツ半玉をザックに入れる習わしである。

10

飯豊山

いいでさん ▲2105m

残雪の花の山

足元が植物図鑑

飯豊山は山形・福島・新潟と三つの県をまたぎ、二〇〇〇m前後の峰々が連なり、飯豊連峰と一般的に呼ばれている。夏は豊富な残雪と色とりどりの花が咲き乱れ、高山植物を楽しみにする登山者の憧れる山である。ただし入山するにはそれなりの日数がかかる。さらに稜線の山小屋は布団や食事の用意がない。したがって、山頂に立つ者は食料に寝袋とその分荷が重くなる。縦走となると、麓で一泊、山中で二泊、さらに予備日を入れると四泊五日の行程になる。

東京方面から入ると、福島の川入《かわいり》側からが交通に便利である。

東北の山は「たおやか」という表現でよく語られているが飯豊山の頂上に立った時、その言葉にぴったりな、緩やかなうねった山容に深く頷いた。そしてチングルマ、ニッコウキスゲ、ヒメサユリ、イイデリンド

ウとその美しさに納得した。小さな高山植物の図鑑を持ってきたが、開くページに足元の花が次々と登場してくるので思わず笑ってしまった。高山植物初心者の山ともいえる。

山名はそのものズバリ、豊かに飯を盛った形に似ているから付けられたという説がある。麓の人々にとっては飯豊山は五穀豊穣を祈る山でもある。

頂上直下に飯豊山神社があり、私は登山の安全を願い小銭を入れた。拝んだ後、神社を一周してふと足元を見ると、なんと江戸時代の古銭が土の間から顔を出していた。記念にと一瞬思ったが、縁起でもないと賽銭箱にそっと戻した。

残雪にニッコウキスゲ

日本海に近いために、冬は大量の雪が降る豪雪地帯で、ベテランの登山客であっても容易に近寄ることができない。その分雪解けが終わった初夏には一斉に高山植物が花を開く。

飯豊本山、御西岳《おにしだけ》、烏帽子岳《えぼしだけ》、門内岳《もんないだけ》の山道はのどかな天空の楽園といった気分で歩ける。さらに門内岳の斜面にはたっぷりと残雪が広がり、真っ黄色のニッコウキスゲのお花畑に足が止まる。ここはカメラのシャッターを何度もきる風景だ。これほどの黄色のキスゲの群生を見たのはこの山が初めてである。

この時は五人の仲間と来たのだが、足並みがそろい、行程を余裕を持って消化できた。

いくつもの池塘がまぶしく鏡のように光って見える。ひと息つくために高山植物を見ながら休憩する。

「イイデリンドウは飯豊の宝石と呼ばれているんだってね」と仲間の一人が紫色の花をカメラに収めている。私は飯豊山頂から早朝日本海に浮かぶ佐渡島《さどがしま》が見えたことをふと思い出したりと、各自ボーッと山の風に吹かれている。山の水を飲み、山の風にふれ、テントに寝ると、いつの間にか下界の都会の生活が遠く薄れていく。

私が「麓の温泉宿でも、もう一泊できるなんて嬉しいね」と言うと仲間は何度も頷いている。

飯豊山まで登る時は急坂に苦しめられたが一度主稜線に上がると、あとはのびやかな高原状の尾根道が続き、散歩気分で歩けるのも飯豊連峰の魅力なのだろう。

タマネギ、キャベツは使える

最後の日は梶川《かじかわ》尾根を下っていくことになるが、下るにしたがって深いブナ林の匂いに気分がますます壮快になってくる。昼に差しかかり、残雪のちょうど良い水場もあったので、ソーメンを食べることにした。

ガスストーブの周りに風避けの石を積み上げ、大鍋にたっぷりの水を入れる。もう一人はテルモス用のお湯を沸かしている。山では基本的に生水を飲まないようにしている。見た目では澄んでいる水でも一度沸騰させるに越したことはない。特に上部に山小屋があるところの川の水には気をつけたほうが良い。山では白湯が一番飲みやすく喉を潤す程度に留めたい。水をガブ飲みすると後々体に負担がかかり「バテる」ことになる。

この時のソーメンのうまさが忘れられない。またその場でビニール袋に入れ塩モミしたキャベツの漬物も鷹の爪とからみ、うまかった。「あっ、ここでビールがあったらな」という仲間の一声に笑った。山の食料はすべてインスタントにしないことが秘訣で、生のタマネギ、キャベツは少量でも利用価値は絶大にある。

下りの梶川尾根の急なのには驚いた。体が放り出されるような山道が嫌になるほど続き、木の根っこにしがみついて叫びながら下山した。

初夏の飯豊山が最高

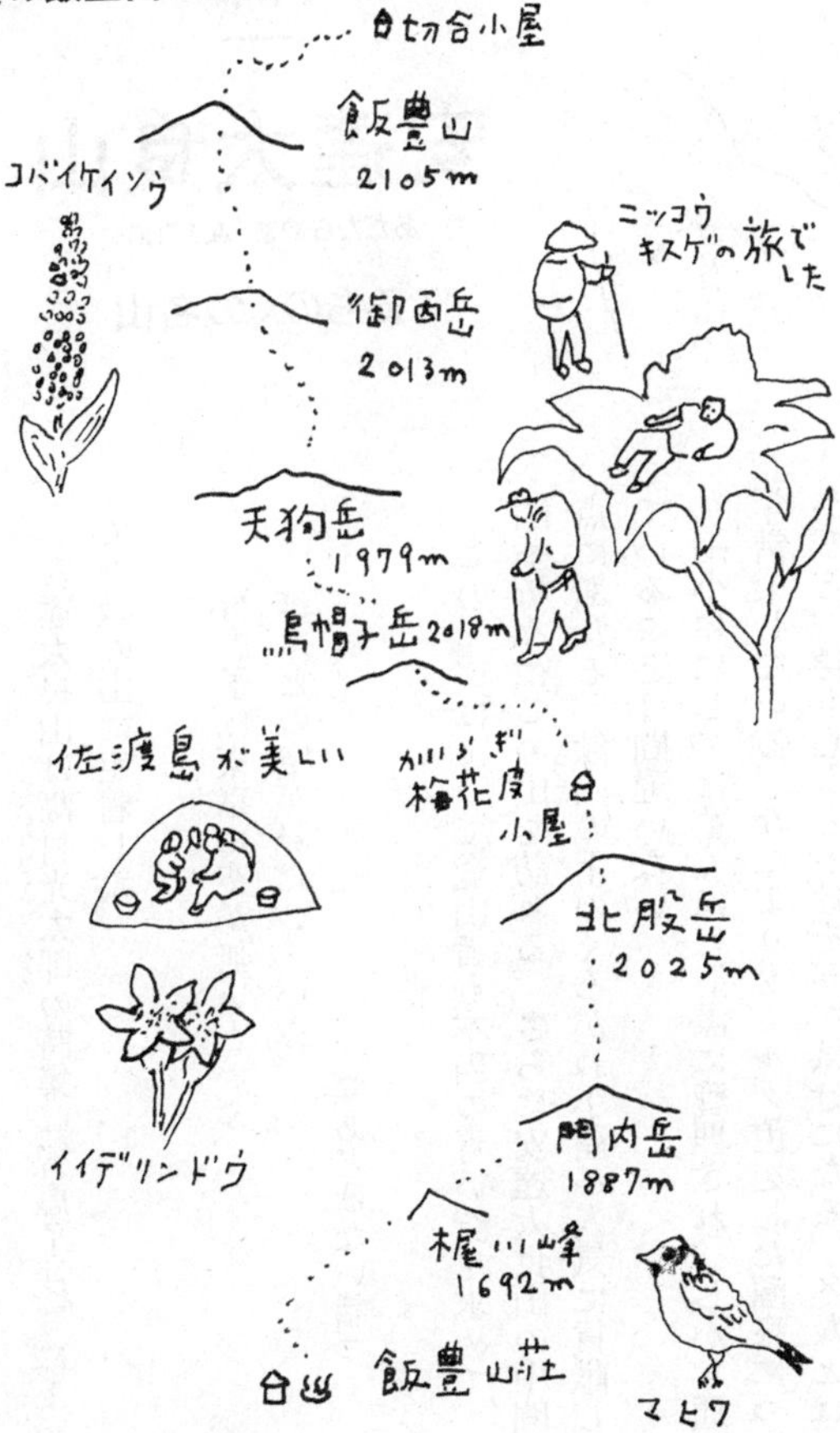
切合小屋
飯豊山
2105m
コバイケイソウ
ニッコウキスゲの旅でした
御西岳
2013m
天狗岳
1979m
烏帽子岳2018m
佐渡島が美しい
梅花皮《かいらぎ》
小屋
北股岳
2025m
イイデリンドウ
門内岳
1887m
梶川峰
1692m
飯豊山荘
マヒワ

11

安達太良山

あだたらやま ▲1700m

みちのくの名山

智恵子が愛した空

安達太良山は高村光太郎《たかむらこうたろう》の詩集『智恵子抄』によって不滅の山に定着した。

　智恵子は東京に空が無いといふ、
　ほんとの空が見たいといふ。

（「あどけない話」）

この一文によって登山者も本当の青い空を求めて、四季折々にこの山を訪れる。さらに安達太良山の中間点にあたる、鉄山《てつざん》の下のくろがね小屋が人気に貢献していることは間違いない。

山小屋にしては驚くほど清潔に管理され、しかも通年営業している。なによりもミルク色をした源泉につかると、身も心もとろけそうな気分になる。冬などはこの小屋の温泉に入浴するためだけに登ってくる者も

多い。

私は秋に二度、冬のスキーに二度、さらに岳《だけ》温泉でスキー合宿と、安達太良山の頂上を何度か踏んできた。

中でも晩秋の登山が忘れられない。広葉樹林が真っ赤に色付いた湯川《ゆかわ》渓谷の道を、いつもの四人で黙々と登っていく。奥岳《おくだけ》のゴンドラリフトを利用すれば、安達太良山の頂まで一時間半で行ける。しかしこの方法はあまりにも安易であり、いささか情緒に欠ける。渓谷沿いの道は三階《さんかい》滝、相恋《そうれん》の滝、霧降《きりふり》の滝、八幡《はちまん》滝と次々に滝が現れ、その度に足が止まる。

山小屋には文庫本

沢を何度か渡り、急登を上がると、突然カーテンを開いたように眺望が明るくなり、そこに忽然とくろがね小屋が見えてくる。

整理整頓が行き届いた小屋の片隅に私達四人はひっそりと固まって座る。客は私達だけなので物音一つしない。静まり返って寂しい感じがする。

山小屋泊まりの登山の時は、ザックに文庫本を一冊入れていくことが多い。列車の中、夕食までの合間、早朝のぼんやりした時間にページをめくる。無論、山の本が多い。あまり堅苦しい本は頭に入らず、お気に入りの本を何度も読み返す。

文庫本を持参する時は、透明なビニールカバーを掛けることにしている。山では何かと本が汚れ傷む。雨に降られごわごわになったりする。しかし、山でそうなった本には、一層愛着が湧くものだ。

愛読書の一冊に英文学者で登山家の田部《たなべ》重治《じゅうじ》著『新編　山と渓谷』（近藤信行編、岩波文庫）がある。大らかでユーモアのある文を山で読むと、さらに羨ましく自分がひと回り大きくなった気がする。

安達太良山は「乳首《ちちくび》山」という別名がある。山頂が周りからポコンと突き出たようになっているためだ。

『智恵子抄』に詠まれた山だから穏やかなのかと想像するが、実際は火山活動によってできた山で、頂上付近はごつごつとした岩が覆い、荒涼としてまるで月面のようだ。

あとは酒盛り

登るにしたがい砂漠を歩いているように足がもつれ、まことに歩きにくい。山頂に立つと荒々しい光景に思わず息をのむ。

さらに、独立峰なので風が強い。砂が目に入らないように注意しながら、そそくさと下山にかかるのが良い。振り返り山頂の溶岩の突起に一礼して、鉄山、箕《みの》輪《わ》山《さん》、そして早々と、今夜の宿である野地《のじ》温泉に向かう。

まさしく釣瓶落としの秋そのものである。谷では午後三時をまわると、あたりはすっかり暗くなる。

野地温泉はひなびた風情を残している。宿の建物の造りに歴史が漂う。湯につかるともうやることはなかった。男たちにとって酒盛りは退屈な時間をやり過ごす最大の娯楽である。

酒が一滴でも入るともう本は読めない。ザックにしまわれたままである。おちょこを手に仲間とどうでもいい冗談を言いながらふざけ合うのが、正しい時間の費やし方である。しばらく飲んでいると、それまで妙に静かだった一人がすっと立ち上がり、「オレ明日の仕事が気になるから今夜中に東京へ戻る」と宣言した。最終バスはまだ出ておらず、福島から新幹線に乗れば充分帰れる時間だった。「ごめんお先に」とつれなく断って、ザックを担ぎ、彼は素早く退出した。

　こういう時残された者は切なく心細くなるものだ。私は景気付けに、「もう三本、燗でいくか」と言った。

山のコラム 2

首は役に立つ

日帰りでもヘッドランプと小型のナイフは携帯する。栓抜き、缶切り、ワインのコルク抜きを兼ねた一番シンプルなスイス製のナイフをこの30年愛用している。使わないことが多いが、ないと不安になる。テントを張り終えた後はいつもナイフを首から下げている。ついでに細ヒモを通したシェラカップ、スプーンセット、ヘッドランプにタオルと、すべて首に下げる。料理で両手が塞がるので首が忙しい。首かけタオルはミトン代わりにもなる。

この数年間中国各地を旅しているが、安徽《あんき》省の黄山《こうざん》（1873m）に登った時、中国人は「首タオル」が好きな人民と認識した。老若男女、頭か首にタオルを巻いている。山小屋で夕暮れ時、ベランダに座って笛を優雅に吹いている老人がいた。立ち上がると竹の笛に紐がしばり付けてあり、首から垂れてゆらゆら動いていた。「頭より首を使え」と教えられた。

ただし登っている時はタオルのみ。あとは邪魔。

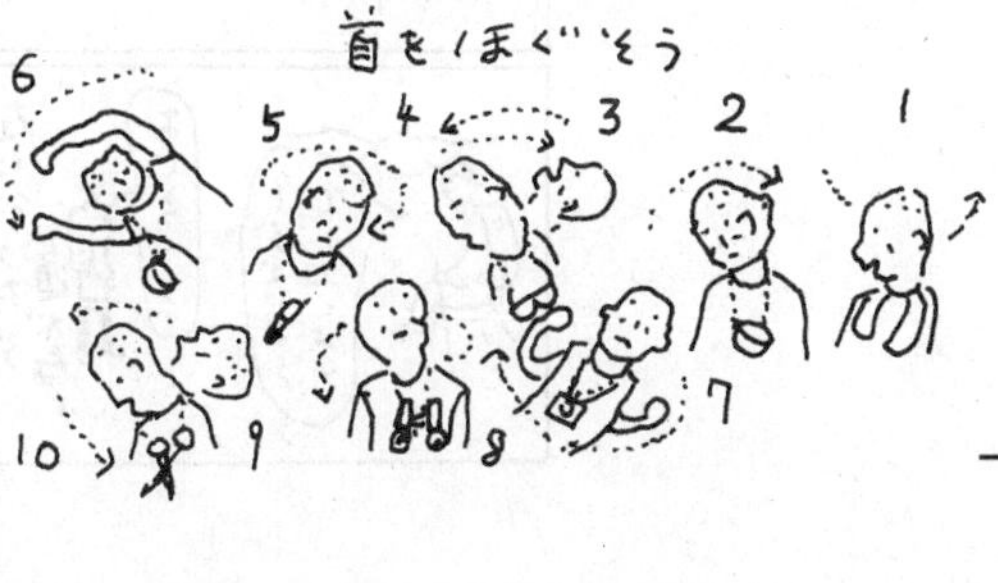

山のルール
下りが多すぎ
登りが優先
あと三分行ったら
左だ
おじさん本当ですか?
さあ
迷ったら
引き返す
左に行ったら道がない
おじさん!
そうでしょう
そうでしょう

3章

私をつくった山

登った山を振り返る時、
山頂に立った喜びとは別の安堵を感じる。
「あの頂に立った」。
そう思うと体中に熱いものが走る。

12

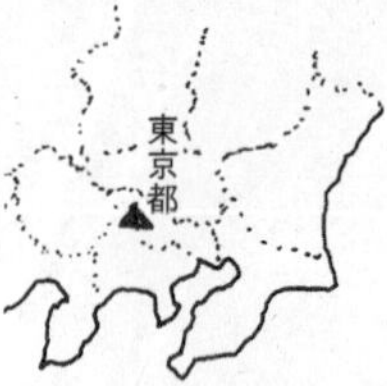

高尾山

たかおさん ▲599m

大都会の緑の奥座敷

関東三霊山の一つ

都民から高尾山ほど親しまれている山はない。都心から西へ一時間電車に乗れば、そこにはうっそうとした森が広がっている。

魅力はなんといっても気軽に行けることに尽きる。ケーブルカーとリフトがあり、手ぶらで行っても茶店で食事ができる。どのコースも整備されており、真冬以外軽装でも危ないことはない。

古来信仰の対象で修験道場として有名。関東の三霊山の一つ、薬王院《やくおういん》有喜寺《ゆうきじ》がある。七四四年（天平一六年）、奈良時代の高僧行基《ぎょうき》が開山したと伝えられる。

修行の山であるために、殺生禁断の地として手厚く保護され、今なお緑豊かな自然が残されている。樹種が豊富でさらに沢筋には水生昆虫が多いことから、鳥類が数多く生息し、小鳥からタカ類までが棲みついている。

渡りの季節になると、多くの愛鳥家が双眼鏡を手に登ってくる。

秋の小学校遠足

都内の子どもたちにとっては、初めて触れる自然の山が高尾山であることも多い。薬王院の参道に立つ樹齢五〇〇年といわれるたこ杉には、生命の息吹と幹の太さに驚きを感じることであろう。

中央線沿線に住む低学年の遠足といえば、高尾山が圧倒的に多い。一九五三年(昭和二八年)当時、中野《なかの》区の小学生だった私も、秋の日に高尾山へ向かった。

お弁当は竹の籠に、おにぎり二つと茹で卵。氷砂糖に母が揚げたカリントウ。磁石の付いた水筒にビニールの雨ガッパ。

高尾山へは中央線の浅川《あさかわ》駅から歩き始めた。今は改称して高尾駅になっている。京王《けいおう》線の高尾《たかお》山口《さんぐち》駅はまだなかった。

浅川駅から甲州《こうしゅう》街道を一列になって児童は、登山口となるケーブルカーの清滝《きよたき》駅に向かった。街道沿いには大きなスギ林が並び、すでに山のひんやりした空気が体を包む。清滝駅前には土産物屋があるが、平日だからかひっそりとしている。

登り始めるとサルがいる公園、急な石段になっている男坂、像が睨む仁王門。奥の院を過ぎると石畳が終わり、土の山道を進むと待望の頂上でお弁当の時間である。おにぎりを頬張りながら富士山や奥多摩をぼんやりと見つめていた。山頂での自由時間は一時間であった。

幼い頃から遠足や野外教室の時は、スケッチ帖とクレヨンをザックの中に入れていた。眼の前に広がる富士山を描きたくなって、コナラが続く登山路の奥に小高い丘を見つけた。

「あそこにしよう」。一人で下ったり上ったりしながら、ひと汗かくほど歩き切り株に腰を下ろした。氷砂糖をなめながら、富士山を描き始めていた。

「やっぱり富士山はいい山だな」としきりに感心していた。

風がふいに冷たく、あたりの木々が揺れ動きだした。ハッと我に返って、来た道を振り返ると、なんと何本もの道があるのだ。獣道と呼ぶような細い道がことさら怖く見え、途端に心細くなってきた。

「戻らなくては」。そう口にすると、胸騒ぎがして不意に足が震えてきた。しかし頂上からはそれほど離れていないはずなのに、歩きだすと戻る道が分からなくなってしまった。

やっと見つけた登山路

何度も行ったり来たりしているうちに、方向感覚が麻痺してしまった。泣きたい気持ちをぐっと抑え、冷静にあたりの風景を見つめた。

通信簿にはいつも注意力散漫と記載されていたが、ここに来て図らずも的中してしまった。

「みんなはどこにいるのだ」

自分を奮い立たせるために気勢をあげ、やっと見つけた登山路を下っていった。指導標に稲荷《いなり》山《やま》コースと書かれていた。

何かを暗示するようにカエデの葉がヒラヒラと落ち

てきた。いつの間にか私の目からはひたひたと涙が流れてきた。二時間近く無我夢中で下り、ケーブルカーの出発点の清滝駅にひょいと出た。

「ああ助かった」

人家のあるここまでくればもう安心だ。浅川駅までの道は、思い出すことができた。

すっかり暗くなった浅川駅の構内に入っていくと、担任の先生がしょんぼり、前髪を垂らして座っていた。

「先生」と大声をあげると、「ああ良かった。心配していたんだから」と言って先生は私を抱きかかえ涙を流した。一瞬、甘い匂いに包まれた。心細く怖かった山道を思い出し、ここでまた声をあげて泣いた。

あれから数え切れないほどの山登りをしてきたが、幼い時の高尾山の経験から、それから道迷いをしても気が動転することはなかった。その場にしばらく留まり、ゆっくり思考することを学んだ。

13

鷹取山

たかとりやま ▲139m

三浦海岸の見える岩場

まるで古代遺跡

横須賀《よこすか》市と逗子《ずし》市の境にあり、全山がゴツゴツした岩山のため地元の人は「湘南妙義《しょうなんみょうぎ》」と呼んでいる（妙義山は群馬県にある、日本三大奇勝の一つ）。山名は昔、太田《おおた》道灌《どうかん》がこの地で鷹狩りをした故事による。

明治から昭和にかけて、この山の凝灰岩を建材用として切り出した。その跡地は剝き出しの岩場が荒々しく切り立ち、古代遺跡のようになっている。この石切場跡が岩登りの恰好の練習場となり、休日はロープを肩にした人たちで賑わっている。

小学生の頃、私はどこへ行くにも三つ年上の兄にまとわりついていた。夏休みのある日、兄の友達と京浜《けいひん》急行に乗り、三浦《みうら》半島の付け根に位置する鷹取山に向かった。

低い山なので駅から閑静な住宅街の脇道を登って、一時間も歩くと頂上に着いた。今考えると、どんな目

的で鷹取山に行ったのかさっぱり思い出せない。蝶でも捕まえるのか私は昆虫採集用の網を手にし、兄は植物採集用の胴乱を肩から提げていた。

ロッククライミングを初めて見た

頂上に立つと削り取られた岩壁に目が張り付いた。垂直の岩壁を、ロープで体を巻いた大人たちがじりじりと蜘蛛《くも》のごとく登っている。また逆に目のくらむ高さの崖の上からロープに体を預け、スルスルと下りてくる。初めて見たロッククライミング姿に子どもたちは呆然と口を開け見とれていた。兄の「すごいなあ」という声が上擦り、友達は「あんな高いところにも登っている」と指を差し大興奮である。

展望が開け、三六〇度のパノラマの風景にも驚いた。富士山から伊豆《いず》、箱根《はこね》、房総《ぼうそう》半島までぐるりと見渡せ、湘南の海がテカテカと鏡のように光っている。

子どもたちは山に来た目的をすっかり忘れ、そびえ立つ岩の下で、大人たちの岩登りのトレーニングを熱心に見つめていた。横浜《よこはま》の山岳会の名が大きく入ったカーキ色のテントが二つ張られ、昼食に用意されたすき焼きの材料がシートの上にどっさりと置かれていた。

日に焼けた屈託のない大人たちの笑顔に、「なんと自由な遊び」と羨ましい気持ちになった。湘南のまぶしい午後の日を浴び、上半身裸になった大人たちは、大きなフライパンの上におしげもなく、山のような牛肉を載せ、ネギと豆腐を添え、手拍子をとって山の歌を合唱しだした。

子どもたちは母親の作ってくれたおにぎりを口にしながら、じっとフライパンのすき焼きを見つめていた。テントの中を覗くとゴザを広げた上に紺色の寝袋が重なり、天井からランタンが下がっていた。

「さあ、めしだめしだ」とフライパンの周りには黒い塊ができ、彼らは飯盒《はんごう》の蓋に白い御飯を山盛りに盛り、その上にすき焼きをあふれんばかりに載せていた。

すき焼きにありつく

すき焼きのあまりにもいい匂いに、子どもたちの体は固まっていた。じっと見てい

る子どもたちの姿に気付いたのか、リーダーの男が「坊やたちも食べるかい」と四人の座る石を運んでくれた。

普段牛肉のすき焼きなど、あまり食べたことのない四人は、アルミの皿に盛られた牛肉、豆腐、白滝にガツガツ箸をのばした。

食事が終わると、彼らは思い思いにタバコをくゆらせて笑い合っている。「自分も大人になったら、あんな人たちになりたい」と強烈な印象と憧れを抱いた。

岩登りの基本は「三点確保」といって、両手両足の三点はかならず安定させ、自由になった手、足の一点を動かし登ることだ。といってもリズミカルに垂直の岩を登ることは容易ではない。落ちても怪我がない場所で、子どもたちは山岳会の長老から岩登りの基本のレクチャーを受けた。

それから数年して日本山岳会《にほんさんがくかい》は一九五六年（昭和三一年）、ヒマラヤの高峰八一五六ｍのマナスルの初登頂に成功した。やっと家にテレビが入りだし、「戦後は終わった」と庶民も実感しだした頃だ。兄とマナスルのニュースを見ながら、鷹取山で見た山男の話題にいつの間にかなるのだった。「高校に入ったらぜったいに山岳部に入る」と兄は力強く腕組みをして言った。

14

川苔山

かわのりやま ▲1363m

多くの谷と尾根を結んでいる
奥多摩の名山

都心から日帰りにちょうど良い

奥多摩の中でも登り甲斐のある山。昔、付近の沢で良質のカワノリがとれたために川苔山と名が付いた。古くは「横谷の頭」「横茅ノ頭」とも呼ばれていた。標高は一五〇〇mに満たないものの、深い渓谷と尾根が重なり、複雑な地形を造り上げている。

地図上では想像もつかない、谷の深い山が川苔山である。数多くの変化に富んだコースを持っているが、尾根道は標識が完備され、ハイカーでも歩きやすいように整備されている。都心からちょうど良い距離の日帰りの山である。

これまで私は四度ほど登った。沢登り、雪山にも苦労したが、思い出に残るのはやはり、最初に兄と登った記憶だ。

夏休みに入った最初の日曜日、小学六年生の私は体操着に運動靴姿であった。高校の山岳部に入った兄は、

奥多摩や丹沢の山々を毎週のように歩き、山でもまれた継ぎ接ぎだらけの服や、ザックを担ぐ姿が板に付き一端《いっぱし》の山男風になっていた。

まだ暗いうちに起床し、始発の電車にて青梅《おうめ》線の氷《ひ》川《かわ》駅（現・奥多摩駅）に向かう。改札から吐き出される登山者をバスが待ち構えている。川乗橋《かわのりばし》で下車し、そこから長く単調な林道を歩いていく。

登山の基本はゆっくり歩き、決して急がないことだと兄は言った。リズムを掴み、一時間に五分ほどの休憩、それも立ったまま休む。疲れたからと、どっかり腰を下ろして休む癖をつけると、かえってバテるそうだ。

地図が読めて一人前

登山道に入ると、兄は肩から下げた透明なマップケース内の地図を熱心に見つめていた。地図はザックに入れておくと、取り出すのが面倒になり確認を怠る。道迷いは迷ってしまってからでは遅いと言う。兄の地図にはいくつもの赤い線が引かれ、余白にはコースタイムや山への思いが、丁寧な字で細かく書き込まれていた。

沢沿いにしばらく登って行くと、滝の音が聞こえてきた。兄はこれが奥多摩でも屈指の名瀑《めいばく》百尋《ひゃくひろ》ノ滝だと自慢そうに振り返った。落差は四〇m近くあるのか、雄大なスケールに圧倒される。滝の水しぶきが汗をかいた顔へ飛んでくる。

先が長いので滝で時間をつぶす余裕はなく急坂を登る。鎖や梯子に手を伸ばし、荒い息を吐く。小さな尾根から山腹を巻くとカラマツ林に出て、「やれやれ一段落だな」と、また兄は地図を見た。指導標があるが、「地図を読めるようにしないと、山は一人前にならない」と言った。

やがて広く明るい鞍部《あんぶ》に出て、茶店にたくさんの登山者が座っていた。山頂へはもう少しと兄に励まされ、膝に手を置き登って行った。

山頂の視界を遮るものはなにもない。奥多摩、丹沢、富士山とまるで墨絵のような風景が連なるように続く。私は自分の細い足で、雲の上の山までよく登ってこられたと、自分のことながらいささか感動していた。兄は固形燃料に火を点け、お湯を沸かしていた。甘い紅茶を飲むと、疲れが一気に飛んでいくようだ。

肩を組んで労働歌

おにぎりを食べ、氷砂糖を口に含んで奥多摩の風景に見とれていると、都内の山岳会なのか、一〇人ほど肩を組んだ連中がロシア民謡を歌いだした。その上に赤い旗が左右に振られ、次第に盛り上がってくる。兄は居ても立ってもいられないのか、その円に入り肩を組み一緒に歌いだした。兄の高揚した表情をこの時初めて見た。

中学時代の兄は暗い顔をして勉強ばかりしていた。計画表通りに学習する真面目なタイプである。なぜあれほど必死になって勉強していたのか分からなかったが、無理解な父親への反抗だったと後になって分かった。本といえば大衆雑誌しか見ない父に、ある日兄は人格を否定するように強い口調で反論していた。

赤い旗のもとで唱和する歌はロシア民謡から労働歌へと変わり、やがて憑き物が落ちたように解散となった。

歌と展望を楽しんだら、古里《こり》駅に向かう縦走路を名残惜しそうに下っていく。兄はひと息入れるたび、山の自由な魅力について話すのだった。さらに、山登りでは予備読図によって、道迷いを少なくできると説いた。兄の背中は大きく自信にあふれていた。

15

丹沢山

たんざわやま ▲1567m

展望が開けた尾根歩き

四季折々の木々

丹沢山地で多くの登山者を集めているのが、塔《とう》ノ岳《だけ》（一四九一m）から丹沢山に延びる長大な表尾根である。最も展望に恵まれ、四季を通じて登山者が多い。山小屋が多く登山道もよく整備されて、山が初めての人でも安心して歩ける。

首都圏に近いだけでなく、変化に富んだ山容と深い谷。ブナ林や新緑の頃のツツジの花などの豊かな自然は、さすが山岳信仰で大いに繁栄した山である。丹沢を愛する登山者は四季折々に変化する木々が楽しみで、何度も山に向かう。

カモシカ山行という山の言葉がある。夜通し山を歩き続けることを言う。主に最終列車に乗り、夜から朝にかけて山道を歩き、御来光を仰ぐ。このカモシカは動物のカモシカではない。この山行を世に広めた明治

生まれのハイカー加茂《かも》鹿之助《しかのすけ》のペンネームに由来する。

真っ暗な大倉《おおくら》尾根に懐中電灯の明かりがゆらゆらと動いている。しばらく登り振り返ると、夜中歩きだした登山者のライトが帯のように続いている。暗い中、赤土の滑りやすい道を、じっと我慢して登っていく。夜間だが指導標がしっかりしているので、なんの心配もない。

「学校は平気か」

二時間ほどかけて登ると茶屋が見えてきた。あたりはうっすらと明るくなり、眼下に相模《さがみ》湾が鈍く光って見える。石に座ってひと休みしていると、兄はぽつりと「学校のほうはうまくいっているのか」と聞いてきた。

私の家は中学生の時に都内から千葉に引っ越しをした。転校生はなにかというと苛められ、鬱屈した日々

を過ごしていた。

「来年は高校だが平気か」とも言った。兄は私の学力の劣っていることも心配していた。

「ああ、船が見える」

と兄は左右に大きく体を振った。

だんだん空は白み、湾に浮かんだ小船がハッキリと見えるようになってきた。

そして大島《おおしま》、江《え》ノ島《しま》、三浦半島、箱根の山がくっきりと現れてきた。

「景色が雄大だなあ」兄は感嘆したように手を広げた。

主稜線上に出ると傾斜が次第にきつくなり、多くの先行登山者に土が掘られて、登りにくい道にさしかかる。運動靴は滑るので私は荒い息を吐き、もがくように登っていく。

塔ノ岳へは三角点の横に小さな石仏が鎮座し展望盤もあった。兄は周りの山を一つひとつ指差し、声をあげ、「あの山もここも登った」と満足そうであった。

大学に入った兄は一九六〇年（昭和三五年）の安保条約改定阻止運動に力を注ぎ込み、ビラや立て看板作りに時間を費やしていた。

山頂が賭場

塔ノ岳の山開きのお祭りは毎年五月十五日に行なわれ、昔は近在の農家の人がたくさん登り、豊作を祈願していた。

面白いことに祭りの日には山頂で賭場が開帳され、関東一円から親分子分がぞろぞろ登ってきたという。なんと一九五〇年（昭和二五年）頃まで続いていたというから驚かされる。ひと昔前はずいぶん体力のある連中が多かった。

「もう少しがんばって丹沢山で長い休みにしよう」

兄の声に励まされ、灌木が続き狭い稜線をしばらく歩いていくと、広々とした草原に出た。歩くたびに丹沢山がぐんぐん近づいてくる。

秋の澄んだ空気の中で体を動かすことは実に清々しい気分である。やがて丹沢山の頂上が見えてきた。しかし徹夜で歩いてきたので眠気が増してくる。

山頂から少し下った広い場所でやっと昼食となった。兄が小型の石油ストーブで作ってくれた、餅入りラーメンは忘れられないほどおいしいものであった。私は疲れ果てていて横になるとすぐに寝入ってしまった。三〇分もすると頭の中もすっきりとして、秀麗な富士山に両手を合わせた。

「山は下界と違って静かでいいな」と兄はしんみりとした声で言った。

ササの林からシカがじっとこちらを見ている。手を振ると相手も合図するように尻尾を振った。手招きすると二匹のシカがしずしずと距離を狭めてきた。カリントウを手にすると、

「野生のシカにエサを与えてはいけない」と兄から注意を受けた。

16

武甲山

ぶこうさん ▲1304m

奥武蔵の名山。一度は登りたい

採掘により危険な山に

西武《せいぶ》秩父《ちちぶ》線横瀬《よこぜ》駅に降りると、ドーム状に白い岩壁が眼前に仰がれる。石灰石の採掘が進み、遠くから見ても頂上付近の山容が変わってしまった。一九〇〇年（明治三三年）に山頂に設置された二等三角点は一三三六mであったが、現在では一三〇四mと、三二mも山が崩れてしまった。人工的に、これほど低くなってしまった山はほかにないだろう。

武甲山は山の形が甲に似ているからその名が付いたといわれる。古くから地元の人に信仰の山として親しまれ、山頂には日本武尊《やまとたけるのみこと》が祀られている。

昔から参拝者が絶えなかった山だが、近年はコンクリートの原料となる石灰石が掘られ、コースを外れると危険極まりない山となった。

いくつかあった登山道も変更され、安心して登ることができるのは表参道コースのみだ。

私は高校に入学すると山登りのことで頭が一杯になってしまった。自分で山を選び、体力に合わせてコースを歩く。このシンプルな山の旅に魅了された。隣のクラスに山の好きな友人を見つけ、休み時間になると山の雑誌などを開き夢中になっていた。入学して半月後には、この大森《おおもり》君と早速武甲山に向かった。

崩れた斜面越しの展望

駅を降りると目に飛び込んでくる雄大で険しい山容に、二人は一瞬「登れるかな」と弱気な顔を見合わせた。

川に沿って歩いて行くと採石場が見えてくる。日曜日なのに何台ものダンプカーが砂埃をあげて走っている。武甲山は全山が石灰石という珍しい山なので、業者にとっては宝の山なのだ。

狛犬《こまいぬ》と鳥居が出迎える表参道コースの入口には、何組かの登山者が輪になって談笑していた。私の山登りの服、靴、ザックはすべて兄からの借り物であった。大森君は新品のキャラバンシューズに真白いザック、そして鳥の羽根のついたチロリアンハットと、雑誌から飛び出たようなハイカーそのものの恰好をしていた。

登山道に入ってわずかに登ると不動滝《ふどうのたき》の水場があり、ここで白いポリタンクに水の補給をする。ひと口飲み、まったく展望のきかない植林の中をひたひたと単調に登って行く。普段から無口な大森君は、山に入るとさらに沈黙を深め、ナマズのような顔をして黙って付いてくる。

採石発破時の退避所を何ヵ所か過ぎ、無惨に山肌を削られた斜面に出ると、突然展望が開ける。遠くに奥武蔵《おくむさし》の山々が連なって見える。

「これはすごい風景だなあ」と白い石灰石が掘られ、山雪崩のごとく崩れた斜面を指差したが、大森君は「うん」と小さく返事しただけだった。感情を表に出さないタイプか、逆に石仏のようにどっしりした落ち着いたところが頼もしかった。

「あの頂に立った」

薄暗いスギ林のジグザグの急登を過ぎ、急な階段道を登ると、まもなく頂上である。

御嶽《おんたけ》神社裏手の展望台に立つと、北から西にかけての見晴らしがすばらしい。日光《にっこう》、尾瀬、上信越《じょうしんえつ》国境、西《にし》上州《じょうしゅう》、八ヶ《やつが》岳《たけ》などの山々が広がっている。だが足元にはダンプカーが何十台とマッチ棒の頭のように見える。大森君は珍しく、「あと五年もすると東京オリンピックが開催される。東京にも世界に負けないホテルをたくさん造らないと」とボソッと言った。それにしてもこれほど山を削り、ダンプカーが日夜疾走していることに地元の嘆きと怒りは大きいことだろう。

下山路にはロープが張られていても怖い道がいくつかあった。迂闊にスリップでもしたら一大事である。山腹を急に下降するために足を慎重に運ぶ。安全なところで振り返ると、大森君もさすがに真剣な表情で動きに緊張感がある。尾根の平坦部・長者屋敷ノ頭と呼ばれるところまで下りるとひと安心である。ポリタンクの水を飲みついでに頭にもかけ、氷砂糖やミカンを口にする。明るい尾根を下っていくと、前のほうに西上州の両神山《りょうかみさん》が眺められる。地図の上に磁石を合わせ、見えている山をもう一度確認する。「地図が読めるんだ」と彼は驚いたような声を出した。

「山には地図と磁石が必携」と言って振り返ると、彼は曖昧な笑いを浮かべた。防火帯から雑木林に入ると山道は尾根から外れ、やがて川の流れのほとりにぽんと出た。登った山を振り返る時、山頂に立った喜びとは別の安堵を感じる。「あの頂に立った」。そう思うと体中に熱いものが走る。

17

大岳山

おおだけさん ▲1266m

奥多摩のシンボル

キューピー山

大岳山は頂上がピョコンと突き出た特徴のある山容から、キューピー山の愛称で都民から呼ばれている。奥多摩方面の山座を決める時の好目標になる。昔から東京湾の航路の目印にもされていた。

高校の同級生大森君と行く二回目の山登りは、変化に富んだ縦走路を歩く鋸尾根から大岳山を登り、馬頭《まず》刈《かり》尾根を下る山小屋泊まりのロングコースに決めた。

まずは愛宕山《あたごやま》を目指して怖いほど急な石段を登っていく。大森君の帽子に付いた鳥の羽根飾りが風に揺れている。山小屋に一泊するのでザックの中には米一合が入っている。当時はどこの山小屋でも泊まる時は米を持参しなくてはならなかった。愛宕山から登計《とけ》峠を越えると、再び急な尾根となり、岩峰交じりの、息を切らす登りが待っていた。岩の間から崖下に奥多摩、氷川の町が広がっているが、見とれている余裕はない。

岩峰から梯子を使い鞍部に下り、また岩を掴み、鎖や足元がおぼつかない桟道となる。ここは焦らずに足元を確かめながら登るしかない。

風に吹かれ疲れ飛ぶ

無口な大森君は私が声をかけても返事をしない。ただ頷くだけだ。岩場の登りが終わり、やれやれとひと息つきたいところだが、もう少しがんばることにした。少し後れ気味の大森君に「平気か。休憩しようか」と大声で呼びかけると、手振りで「進もう」と合図があった。大きな岩の急坂が続き、足の置き場に苦しめられ、やっとのことで天地《てんち》山《ざん》に着き、昼飯とすることにした。

大森君は体調が悪いのか、いくら待っても姿を見せない。心配しているうちに、大岩の間から顔を出し、「朝が早くて寝不足でつらい」と荒い息を吐いていた。

天地山でおにぎりにミカン、甘いお菓子を食べると、涼しい風に吹かれ疲れが飛んでいくようだ。

「あと一時間も行けば大岳山荘だ」。そう言って雑木林がたくさん残っている尾根道を歩く。こういう平坦な山道は足取りが軽い。鼻歌交じりである。山頂を巻くように登り、ごろつく岩の急坂を上がっていくと、ついに大岳山の山頂に着く。

三角点のある頂上で、私は父から借りてきたカメラに大森君の苦しそうな嬉しそうな登頂記念を収めた。

展望のひらけた台地で二人は奥多摩の山々を食い入るように眺めた。雑木を刈り払った広場ではたくさんの登山者が満ち足りた表情を浮かべている。山の頂上でしかめ面をしている人は一人もいない。晴れ渡った空に向かって自然に両手を上げている。

山小屋は満員

大岳山荘は玄関にランプがあり、ほぼ満員の状態であった。少年二人は身をかたくして小屋番の主人の指図にしたがっていた。

大きな部屋に通されると、むさ苦しい山男たちが首から手拭いを垂らし、酒盛りをして騒いでいた。なんとなく悪い予感がして、端のほうで固まっていると、「オイそ

この坊主飲むか」と一升瓶を振ってみせられた。

大森君が毛布をとり出し、お腹の上に乗せていると、「オイ坊主たち、まだ寝るのは早い」と叱られ、「布団は勝手にさわるな」と、山岳会の名が入った服を着た年寄りから注意をされる始末だった。

部屋の中が酒臭くなってきたので、外に出て、ベンチに座り地図を見ていると、大森君は「お腹が痛くなってきたから便所に行ってくる」と青白い顔をして立ち上がった。

部屋に戻り、夕食のために米を小屋の若い人に渡すと、大森君は「僕は夕食を抜くから米は出さなくてもいいよね」と気の弱そうな顔をした。私が係の人にそのことを言うと、うーんと腕組みをして「親父に聞いてくる」と台所のほうに消えていったが、「素泊まりではないのだから、やはり米を出して。一口ぐらい食べるでしょう。朝食もあるし」と言ってきた。たしかにお腹をこわしたからといって、何も食べないわけではないはずだ。大森君はしぶしぶ米の入った布袋を渡し、「がめついな、山も世間も」とぽつりと漏らした。

18

雲取山

くもとりやま ▲2017m

東京都の最高峰。一等三角点がある

しっとり深遠

東京都民は二〇〇〇m超のこの山が都内にあることを誇りに思っている。山名の由来は、地域で最も高い山なので雲に隠れやすいという説。名前は分かりやすいが、雲の上の山なので登るのに苦労する。

雲取山はそれまで行った丹沢や奥多摩の山と雰囲気が違っていた。重厚な山姿やしっとりした森が、深遠な奥秩父の空気をあたりに漂わせている。

五月の連休に一泊二日で同級生の大森君と雲取山に向かった。背が青紫色のオオルリが深い谷間からピールリピールリと歓迎するようにさえずっていた。

登山道の途中にある三条《さんじょう》の湯《ゆ》にて水を補給して、もう一度ザックの整理をする。鉱泉小屋はすでに宿泊客で賑わっていた。木造の建物は風情があり、掃除が行き届いていて清潔感があった。少年ながら、「こういう山小屋で一泊してゆっくり登るのもいいな」と、大人の

贅沢な山での過ごし方に感心した。近くにある青岩《あおいわ》鍾乳洞にも、秘境めいた山の奥深さを教えられた。

水無《みずなし》尾根の登りに取り付くと、うっそうとした原生林が重なり、野鳥のカラ類が飛び交っている。シラビソ、ダケカンバ、コメツガなどの針葉樹林の若葉がみずみずしい。額に汗を垂らしながら大森君に時折声をかけ登っていくと、やっと平坦になり三条ダルミに着く。ここはコースの交差点になっており、ベンチにはたくさんの登山者。富士山をバックに写真を盛んに撮り合っている。

山は裏切らない

大森君と氷砂糖を口に放り込み、放心したように遠くの山を見つめていた。

山登りの好きなところは、なにも考えずにただ山を見つめているこの一瞬の時間である。大袈裟だが至福の境地になる。

氷砂糖は私たちの合言葉になってきた。体や足がもつれるようになると、「氷」と言ってひと息つくことにしている。いつでも食べられるようにポケットに小分けした袋が入っていた。

最後の登りが実にきつい。こういう急登は胸の中で念仏のように「六根清浄《ろつこんしようじよう》」を唱えながら登り詰める。山頂直下の避難小屋があり、もう少し進めば、待望の一等三角点の山頂に着く。

山登りの良いところは、へとへとになっても一歩前に進めば、いつかかならず頂上が現れることだ。誰に対しても裏切ることなく達成感を山は与えてくれる。杖をついて登ってきた年輩者のザックを見知らぬ人がいたわるようにして下ろしている。

小屋付近からの眺望は、どっしりと雪を被った富士山や南アルプス、大菩薩峠《だいぼさつとうげ》に奥秩父、奥多摩とまるで山々が「見てください」と自慢げに連なっている。

この一帯は夏になるとヤナギランやワレモコウなどの高山植物が咲くと言われるが、まだ雪が消えたばかりの連休では土の中に眠っている。

頂上は雲の中

二人は黙々とおにぎりを頬張っていた。

私の定番は自分で強く握ったおにぎり二個に茹で卵一個とミカンである。大森君は器用にも焼きおにぎりに漬物、それに細かく切ったリンゴ。

連休なので小屋の中は登山客でごった返していた。私たちは往復ハガキで申し込みをしていたので、部屋は確保できたが、いきなり小屋に泊まりに来た人は廊下や玄関の横で寝ることになる。夜ともなると小屋の中はおしくらまんじゅう状態になってきた。山小屋は来た登山者を断ることができない。いくら満員だからと外に出せば遭難になる。下界の宿泊所と違うところはここにある。

この夜も一畳に四人がまるでくっつき合うようにして寝ることになった。満員御礼の山小屋はてんてこ舞いの忙しさで、働いている若者はコマネズミのように駆けずり回っている。だがとりあえず一度布団に入れば、歩き疲れのため爆睡に導かれ、早朝四時まで夢の中である。

山の朝は五時になるとすでに動き始める。自然に全員目が覚めザックの中を点検したり、外にタバコを吸いに出かける。

朝食を食べると、あとは忘れ物はないかと振り返り、記念写真を撮ったら下山しかない。私たちは小《こ》雲取山から七《なな》ツ石山《いしやま》のコースを歩き、ゆっくり三時間ほどかけて下の集落のバス停に向かう。大森君と山の歌をがなりながら下っていく。振り返ると頂上がすっぽりと雲の中に消えていた。

山のコラム3

山の調味料

テントの山登りの時にかならず持参するのが「かんずり」である。新潟県妙高《みようこう》市の特産品で、山では実力を発揮する。塩漬けのトウガラシを雪の上にさらし、あくを抜き、ユズや麹と混ぜ発酵させたものである。飯の供として離せない。うどん、ラーメン、雑炊、高野《こうや》豆腐と、一日2回は登場する。

ある年の浅間山《あさまやま》に行った時に雪上のテントの中で「これ使いますか」と小ビンに入った練りトウガラシのようなものを知人が出した。彼の妙高の実家で作ったものだと言う。ダイコンの漬物の上に載せて口にしたが、激辛ではなく奥の深いいくらかほんのりとした辛さに感激した。無口な彼はふっと笑い「かんずり初めてですか」と聞いてきた。私があまりにも感激していると「実家から送らせますよ」と言った。

かんずりがわが家の食卓に並ぶようになって30年は過ぎ去ろうとしているが、市販のものにはだいぶ不満がある。彼の実家のかんずりは手作りの素朴さが残っていた。

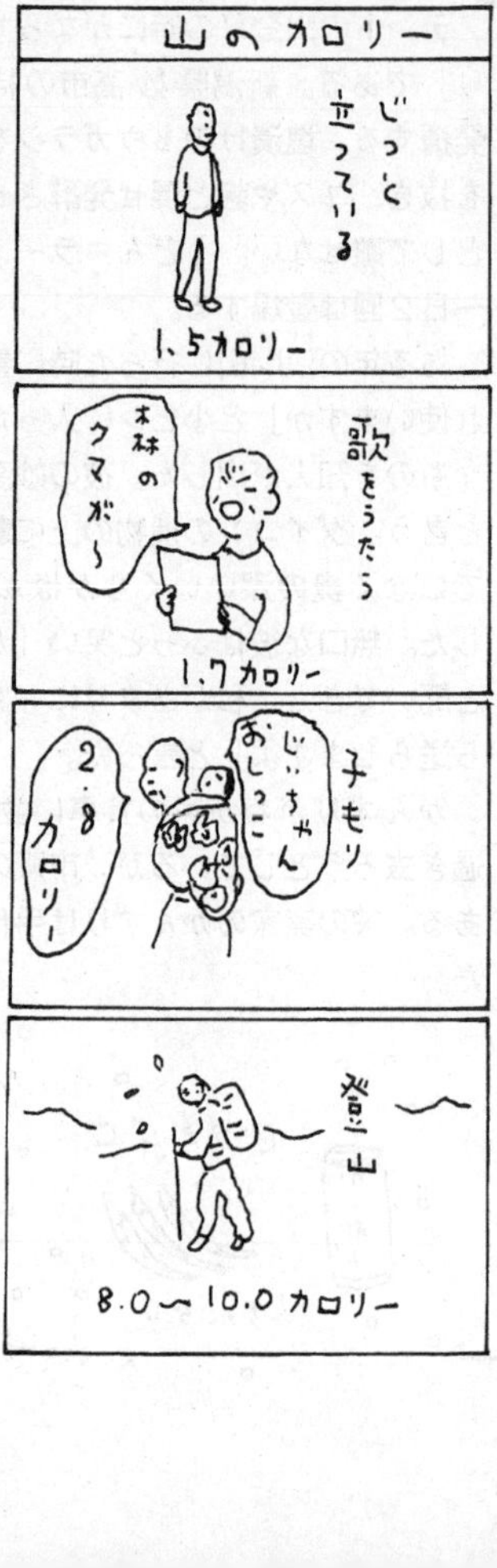

山のカロリー
じっと立っている
1.5カロリー
歌をうたう
木林のクマボ〜
1.7カロリー
子もり
じいちゃんおしっこ
2.8カロリー
登山
8.0〜10.0カロリー

4章

通いたくなる山

元気なうちにもっと登らなくてはと
次第に欲張りになってくる。

19

金峰山

きんぷさん ▲2598m

奥秩父の盟主

うっそうとした原生林

金峰山や瑞牆山《みずがきやま》（二二三〇m）が属する奥秩父は、東京・埼玉・山梨・長野の県境が延び、二〇〇〇m級の峰々が重なり合っている。山中はうっそうとした原生林に覆われ、しっとりとした独特な雰囲気を作り上げている。

奥秩父の名は「秩父の奥山」という意味で、近代日本登山界の大先輩、木暮理太郎《こぐれりたろう》、田部重治が命名したものである。群馬生まれの理太郎は好んで奥秩父を歩き、日本中に紹介した。名著『山の憶い出』の文庫版（平凡社ライブラリー）をぜひともザックに入れて奥秩父の山で開いてもらいたい。

金峰山は、どっしりとした奥秩父の盟主と呼ばれる。山頂には大きな岩を重ねた、花崗岩の御像石《みかたいし》（五丈《ごじょう》岩《いわ》）がそびえ立っており、この山のシンボルでもある。甲府《こうふ》盆地や韮崎《にらさき》から眺めると、この五丈石の尖りがか

すかに見える。山頂には蔵王権現《ざおうごんげん》が祀られ、地元の人にとっては古くから信仰の山であった。山名も奈良県吉野《よしの》の修験道場として有名な金峰山《きんぷせん》にちなんだものといわれる。

五つ星のキャンプ指定地

大きな岩がひしめきあう山頂だが、「あれ？　あそこは」と、もう一段高く見える五丈石がどうも気になる、という人が多い。苦労して登ってきたからには山の最高地点に誰しも立ちたいものだ。鳥居と祠が祀られている上に五丈石がドカンと立っている。より高くと岩に手をかけるが、「ここまで来て怪我でもしたら」と多くの登山者は躊躇してやめる。

見た目にはあちらの岩のほうが高いのではと思うが、たしかに五丈石のほうが三〇センチ高いらしい。その三〇センチのために転落、大事故を起こすと思えば諦

めもつく。

秩父山塊の名山として知られる山だが、一昔前まではアクセスが悪いために、登山口まで行くのにえらく苦労した。現在は車を使い楽に登れるようになった。川端下《かわはけ》の廻《まわ》り目平《めだいら》まで楽に車で入れ、そこからしっかりした登山路があり三時間ほどで登頂できる。

廻り目平キャンプ場は、周りに奇怪な岩が乱立し、ロッククライミングのメッカとして三〇年前より脚光を浴びてきた。ほとんどのキャンプ場が焚き火を禁止されているのだが、廻り目平は認められているのも、人気が集まっている要因である。

五月から初秋の頃までは登山者、キャンパー、渓流釣り師が思い思いにテントを張り、山の空気をエンジョイしている。おそらく関東近郊のキャンプ場としては文句なく五つ星が付けられるキャンプ指定地である。

楽園

日本の山は、ただ頂上を目指すことだけを目標に絞ると、楽しさが半減する。白樺の高原の朝、渓流の清らかな水、テントを張ったキャンプの楽しさ、あらゆる体の筋力を使う岩登り、さらに近くの温泉と、廻り目平のキャンプ場は山の遊びをすべて満喫できる楽園である。

ここ五年ほど、五月の連休は、娘の旦那やその子ども、息子の嫁さんと子どもたちと孫を中心に家族全員一〇人ほどで約束事のように出かけている。シラビソやツガなどの深い林に囲まれた小川山《おがわやま》（二四一八m）への登山も、人が少なく奥秩父らしい景観を充分満喫できる。

もう一つ隣の瑞牆山も奇岩怪石の頂上で、林の間から見ると鬼気迫るものがある。

二〇代の後半に増富《ますとみ》ラジウム温泉から登ったことが

あるが、山頂からのあまりにもすばらしい絶景に唖然とした思い出がある。初夏の頃だったのかシャクナゲの花の群落が心に残る。

廻り目平を登山基地にあちらこちらの山と欲張り、足を延ばせるのも愉快である。

友人の送別会、会社を辞める仲間の退職会、定年の祝いと廻り目平の集まりは思い出が尽きない。人が多い時の食事はおでんが一番手っ取り早い。大鍋に各自が持ち込んだ食材を湯通しして投下する。鍋には蓋をしない。山の料理は大胆不敵でさらに繊細さも大事だ。山の飯をうまく作れない者は山に登る資格がない。

仲間の動き方を見ていると手際の良いのに感心する。テントの緩みを直している人。すでに米を研いでいる者。焚き火用の枝をかき集めている人。イワシの身をすりつぶし、本格的なつみれを作っている料理番。誰一人無駄な動きがない。仕方がないので私は、ゴミ袋を手にテントのあたりをうろついている。

20

甲武信ヶ岳

こぶしがたけ ▲2475m

暑い夏の
思い出の沢登り

甲州・武州・信州の国境

中央本線塩山《えんざん》駅前で、西沢《にしざわ》渓谷入口までのバスを待っていたが、朝から照り付ける日差しに、すでに体はぐったりとしていた。甲府では連日、三八度を超す猛暑日が続いていると売店のテレビからニュースが流れていた。

真夏の山は滝の水しぶきを浴びる沢登りが最適である。甲武信ヶ岳に延びるヌク沢が初心者の沢登りには安心である。この沢では基本的に登攀用具は必要ないが、登りにくいところには、上から垂らしてお助け紐として活用するために、非常用の補助ロープを携行することにした。

バスを待っている間、私は近くの八百屋でトマトとキュウリを買ってくる。高校生の息子は鼻の頭に汗をかき、じっと我慢するように下を向いてバスを待っている。いつも無口な息子は何を思って山について来る

のだろう。

甲武信ヶ岳は奥秩父のほぼ中央にあって、山名はそのものズバリ、甲州《こうしゅう》・武州《ぶしゅう》・信州《しんしゅう》の三国国境に位置するところからきた。奥秩父主脈の中心部にあたる。頂上に降った雨の一滴は千曲《ちくま》川に流れ、信濃《しなの》川に合流し、日本海に入る。もう一滴はこれから登るヌク沢に入り笛吹《ふえふき》川に流れ、富士山から太平洋へと消える。さらに秩父側に落ちた水滴は荒《あら》川の源流部に落ち東京湾に流れ込む。この山はどちら側から入山してもアプローチが長く、その上登り甲斐があり日帰りは到底無理である。

軽い沢登り

バスに乗ること一時間ほどで西沢渓谷入口に到着する。土産物店などの混雑を避けるように小走りにヌク沢に入っていった。登山道には人が多いが、沢に入れ

ば私たち三人だけである。静かな小道を水源を辿るように歩いていく。沢登りの困難度では一番下のレベルなので、あえて水の中を渓流靴でバシャバシャと水音をたてて登っていく。

登山靴はザックにしまい、また衣類も濡れないように防水袋に入れておく。暑いのでテントは持たず、ゴアテックスのシュラフカバーだけと、すべてを軽量にする。

リーダーの彼とは、息子も顔馴染みである。息子が幼い頃から山で会っているので呼び捨てである。山のアドバイスをしてくれたり、将来の進路の相談にも乗ってくれている。沢のルートを確認するために小さな滝が出てくるたびに立ち止まり、沢の遡行図の読み方を息子に教えていた。

最初は明るい開けた渓流だが、次第に狭まりあたりの風景もつぼまってくる。しかし、至るところに、ほど良い岩の休憩ポイントがあって楽しい。キュウリとトマトを半分ずつリーダーと息子に手渡す。潰れないように竹籠に入れてきた。

暑い日はトマト

暑いからといってガブガブと水を飲むと誰だって腹を壊す。こういう暑い夏の日は、水分をたっぷり含んだトマトがなによりだ。ゆっくり吸収しながら体に入り込む。ビタミン、ミネラルがたっぷり含まれているので、水分補給には最高である。塩を振ることによって脱水症状にもならない。トマトやキュウリは寒性のものなので、ほてった体を冷やし、胃にもやさしく、血圧も下げてくれる。

「うまいなあ」。トマトとキュウリはちょうど良い昼の食事でもある。

「あと三時間ほど登ったら野宿しよう」

とリーダーは時計を見て、地図にマークをしていた。

沢の上部で野営となったのだが、こんな沢の中でも暑さは半端ではなく、虫がいないのが幸いと、息子はパンツ一枚になって岩の上をウロウロしていた。リーダーは明日の天気をチェックするために、小型のラジオのイヤホンを耳にしながら夕食を作っていた。その時「オーッ」と突然大声を上げ「今夜の甲府は三九・五度だって」と言った。その夜の寝苦しかったことといったらなかった。山に来て暑くて眠れないのは初めてである。

翌日も蒸し風呂状態であった。水がある沢に入っているからいいものの、尾根道で脱水症状は間違いない。小さな滝が終わり、小石交じりのガラガラした急坂を左右に振り登ると、あっけなく稜線に出た。甲武信ヶ岳頂上には大きなケルンが積まれ、富士山や南アルプス、八ヶ岳と眺望が嬉しい。記念にと息子を写すと、息子も寝不足なのか大きなあくびをしていた。甲武信小屋にてお茶を戴く。涼しい小屋で昼寝でもしたくなるが、頂上を踏んだら一目散に下山となった。うっそうと茂る樹林帯に入るとやっと汗が引いてきた。

21

巻機山

まきはたやま ▲1967m

上越国境の花の名峰

頼りになる民宿

群馬県谷川岳《たにがわだけ》の北、新潟県上越《じょうえつ》国境に位置するのが巻機山である。

ただし巻機山というピークはない。普通は巻機山主峰、ニセ巻機といわれる前巻機と割引岳《わりめきだけ》と牛ヶ《うしが》岳《たけ》を含め、その一帯の総称として巻機山と呼んでいる。

近くの峰もいずれも二〇〇〇mに満たない、緩やかな山容で人気が高い。

古くから機織りの守護神として地元民に信仰され、巻機山の山中で機を織っていた美女の伝説もある。頂上の西が御《お》機屋《はたや》と呼ばれ、信仰上ではここを山頂としてきた。麓の清《し》水《みず》の集落には巻機権現を祀る神社もある。稜線には池塘が点在し高山植物が見事である。稜線はなだらかで、谷川連峰や越後《えちご》三山《さんざん》が目の前に堂々としている。

稜線の女性的ななだらかさとは逆に一歩谷筋に入る

と、激しくほとばしる滝と厳しい岩壁の連続で、経験を積んだ熟達者向けの沢が待ち構えている。そんな沢の中でも比較的やさしいと言われるのが米子沢《こめこ》である。

夏の日に六日《むいか》町《まち》駅からバスにて清水集落に入るが、ここの民宿は登山者や渓流釣り師に絶大な人気を誇っている。至れり尽くせりの山菜料理、川魚の塩焼き、キノコ尽くし、こたえられない地酒と何度も清水に通いたくなる宿が多い。それだけに、酒好きな登山者は程々にしないと、次の朝にこたえる。私たち三人は意地汚い酒飲みなので、予想通り早朝に起きても頭が働かず、これから登るにしてはいささか頼りない。

酒の匂いに蜂

沢と沢が合流するところを出合というが、一時間半ほど歩いて体からできるだけ昨夜のアルコールを蒸発させる。ひと汗、ふた汗かくと次第に体調が戻ってき

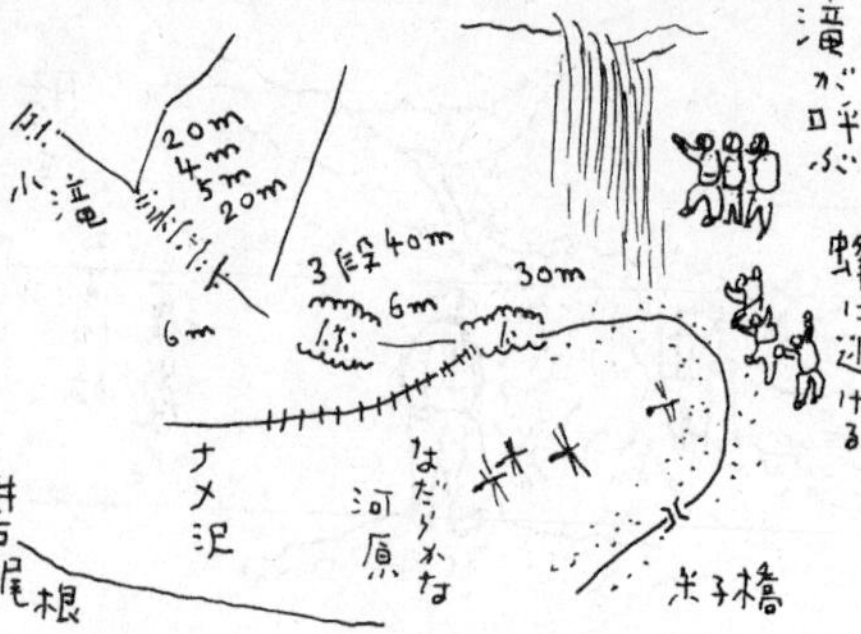

た。大きな石に腰を下ろし「やれやれですな」と三人は顔を見合わせている。

その時に林の奥のあたりの蜂が怪しい動き方をしている。それも熊蜂のように大きい。私たちの体が発する酒の匂いに敏感に反応しているのだ。一人が黙って木の枝を指差すと、なんと見たことのないほど大きな、抱えるほどの蜂の巣がある。ここにいたら危険極まりない。三人はゆっくりとゆっくりと上流に向かって、蜂に悟られないようにまるで地雷を避けるかのごとくの忍び足で動き、ここまでくればひと安心という上流まで登り、「あれは女房より怖かったなあ」と私は大きく息を吐いた。

山では、蜂に刺され危篤状態に陥る事故がしばしばある。特に子どもたちは弱い。山に向かう人は携帯キットの中に蜂の針をとる道具も入れておくべきである。特に晩夏に多くなる。

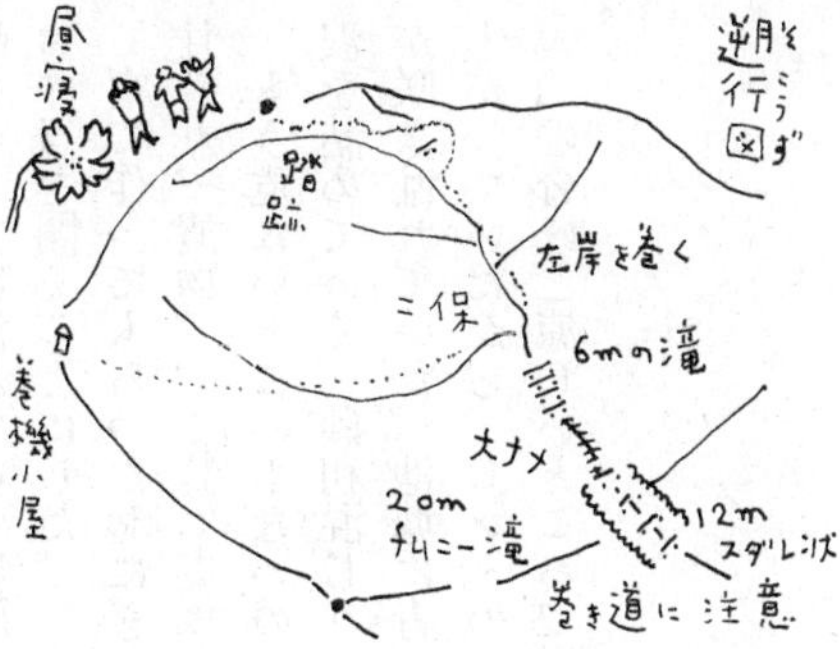

愛情弁当

沢登りはフェルト状の渓流シューズを履く。苔の生えた岩や水中で滑りにくい。後はロッククライミングの道具を身に付ける。蜂の恐怖地点からだいぶ登ると、核心部とも言うべき落差三〇mの大滝が現れた。

ロープを取り出し、リーダーの男が左側から忍者のごとくするすると登って行く。岩にロープの安全性を確保するためにハーケンが打たれているが、水で錆びており、信用ができない。

大滝を越えると今度は四〇mの大滝が現れ、さらに岸壁に挟まれた谷が続き、またいくつかの滝が現れる。滝をうまく登れない時は、迂回することになるが、この巻き道が一番厄介なのだ。灌木が茂った崖をよじ登って行くので、確保用のロープも使えず、こういうところで体を滑らせると、致命的ともいえる事故につながる。

ササの葉や草が重なる急斜面を慎重に足を運び、ふたたび沢沿いに下りる。ここからは米子沢特有の美しい「ナメ」が待っている。ナメとは沢登りの言葉で、岩を水が舐めるように流れている場所を指す。斜面が緩やかになり危険地帯は通過したので、お弁当を開くことにした。

宿で作ってもらったおにぎりの弁当には、愛情がたっぷり入っている。玉子焼きに、甘露煮、漬物。「これだよな。あの宿に惚れる訳だよ」と三人の笑顔は正直である。

もう危ないところもないので、登攀道具をザックにしまい、頂に向かってぐんぐん沢を詰めていく。砂利混じりの急登を詰めると稜線に出る。鮮やかなニッコウキスゲが咲き乱れていた。池塘に青い空と白い雲が映っている。滝登りでいくらか眼が吊り上がっていたから、ピンクの淡いハクサンコザクラが愛おしい。

「二〇分ほど涼しいところで昼寝でもしていこうか」と友は言った。

22

谷川岳

たにがわだけ ▲1963m

魔の山の正体とは

遭難七百人。花の楽園でもある

群馬県と新潟県の県境にあり、標高は低いが、その東南に高差一〇〇〇m近い大岩壁を抱え、戦後隆盛期には遭難者が七百余名を超えた「魔の山」として世界的にも恐れられているのが谷川岳である。

山頂部は山麓から眺めると、猫の耳のようにピンと立って見える。トマの耳、オキの耳に分かれ、トマとはトバ＝入口、手前の意味。オキはおく＝奥の意味である。オキのほうが標高は高いが（一九七七m）、トマのほうに山名標識は立っている。

この谷川連峰は気象の変化が激しく、冬は日本有数の豪雪地帯でもある。そのために東側は風雨や雪による浸食作用が激しく、切り立った一《いち》ノ倉《くら》沢などの岸壁が生まれた。一方新潟県側は池塘が点在し、特にトマの耳からオキの耳までのお花畑は見事である。高山植物が群生し、どこまでも続くなだらかな山並みに安ら

ぐ。谷川岳はロッククライマーにとっては最も恐れられている山でもあるが、頂上付近には珍しい高山植物が多く、一般的な登山路を歩く登山者にとっては楽園、花の山であることも忘れてはならない。

神経を使う岩場

穂《ほ》高岳《たかだけ》や剣岳《つるぎだけ》の明るいアルペン的な岩場と比べて谷川岳の岩は暗く、じめじめした陰惨な雰囲気を醸し出している。ここの岩場の特徴は一ノ倉沢、幽《ゆう》ノ沢という名前の通り、半円形に大きくえぐり取られた沢状の崖によって構成されている。

さらに低山であるゆえに、上部には草付き（急峻な岩場で草や低木の生えているところ）が多く、つい油断しての転落事故が後をたたない。最後までぜったいに気が抜けない岩場である。浮石も多く、手にする岩が剝がれやすい。ほかのパーティーが上部にいる時は、落石に注意し安全な岩の下で待機していないと命取りになる。

一ノ倉沢に入るクライマーは上部の残雪にも睨みを利かせ、絶えず崩壊を覚悟しなくてはならない。さらに岩に取り付く下部で雪渓が大きく口を開けているのにも注意したい。雪渓の下は滝のように水が流れ、踏み抜いて転落したら、二度と上がって来ることはできない。ともかく登る前から非常に神経を使う岩場である。

谷川岳の岩場の中で最も人気の高いルートは一ノ倉沢烏帽子沢奥壁南稜である。一ノ倉沢の中央に張り出した岩稜で岩質も硬く、入門ルートとして、各岩場の全体を摑む上でも最適である。ただし岩登りの基礎的なトレーニングを学び、きちんとした指導者の元で経験を積み上げて、初めて取り付ける岩場であることは肝に銘じたい。

パートナー

標高五九九mの高尾山さえ登ったことのない人でも富士山は登れるが、登攀技術を学んだことのない人が一ノ倉沢に向かうのはまさに自殺行為に等しい。時折、一ノ倉沢を怖いもの知らずにも登ってくるハイカーがいる。踏み跡があるので誰でもたやすく岩場の下部まで辿りつけるが、さて下るとなると厳しい傾斜の下降が待ち受けている。休日など、こういった降りるに降りられないうっかり者が事故を起こしている。

南稜には三度ほど登ったが、初めての時は岩場の迫力に圧倒され、やたらに肩や手に力が入り、終了点で先輩の握手に安堵して涙が出そうになった。

三〇代の頃は一ノ倉沢の概念図がひと通り頭の中に入っており、余裕を持って登れた。人気ルートにつき休日は各テラスが大変混んでいるので、秋の平日を狙って出かけた。ロープを結んだ二歳上の彼は、登山、岩登り、スキー、渓流釣り、茸《きのこ》狩りと、オールラウンドで山を遊び尽くしていた。クライミングの技術も安定している。

岩登りは力の合った二人で組むとスピードが断然速く、人数が増えれば増えるほど時間が倍以上かかる。彼がトップで登る時はロープがするする延びるが、逆に私が上がると、途端に動きがスローになる。時折、下から「左に手を伸ばせ」と指示が出る。このルートに何度も登っている彼は、相手がどこで詰まっているのか、すべて分かっていた。

中間部の緩傾斜帯にてひと息つくことにした。テルモスの白湯を持つ私の手が震えている。彼は地元のソラマメをきなこでまぶしたお菓子を出し「これうまいよ。群馬の豆は元気出るよ」といってなぜかクスクス一人で笑っていた。目がくらむ高さにいながら、恐怖感はまったくなかった。信頼できるパートナーとロープを結ぶとこんなに安心できるのかと実感した。

口笛のようにピーエーと鳴いてノスリが羽を広げて大きく旋回している。

23

白毛門

しらがもん ▲1720m

谷川岳東南の展望台

カメラマンに人気

群馬県利根《とね》郡みなかみ町にあり、土合《どあい》駅から湯檜曽《ゆびそ》川を挟んで谷川連峰と対峙する位置にある。山名は東側に二つのジジ岩、ババ岩が門のようにあり、雪が降ると山頂が白髪頭に見えるところから付けられた。

白毛門は雪が降り始めた頃、しかも山岳カメラマンに人気が高い。その理由は対岸に谷川岳の大岩壁が広がっているからだ。岩壁に朝日が差し込む瞬間は、思わず身震いするほど迫力がある。午後になるとあれだけの眺望も逆光になって、ぺったりした壁になってしまう。日本の代表的な岩場であるマチガ沢、一ノ倉沢、幽ノ沢を写真に収めるには、三脚を忘れずにザックにしばり付けてここは冬に登りたい。

ただし豪雪の上越国境である。厳冬期には一晩で一m以上の積雪があることも珍しくない。コースはほとんど夏道を登り、迷うところはない。ただし頂上直下

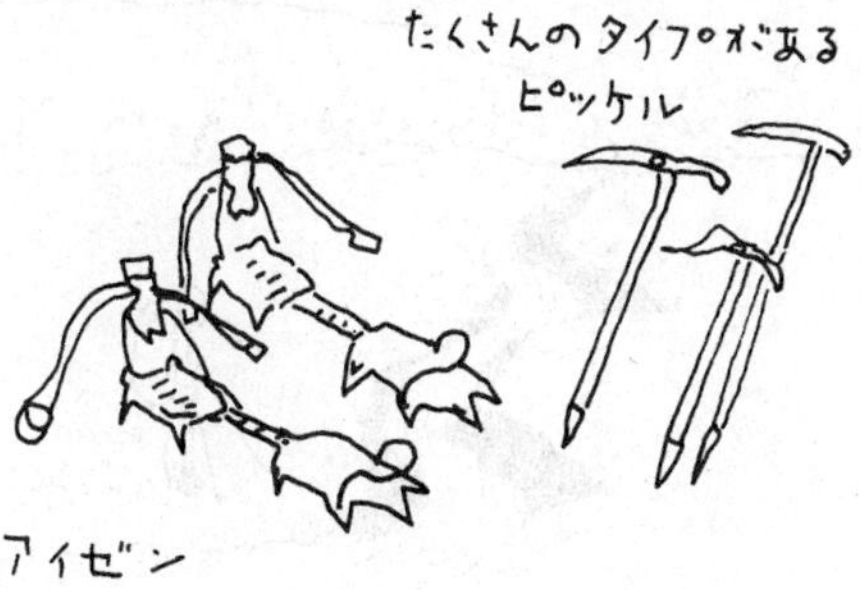

の急斜面の上下はロープが欲しいところである。冬山の初心者にとっては、良きリーダーがサポートしてくれるなら充実した山行を味わえる。

前夜に樹林帯の中にテントを張り、谷川岳の写真をものにしようとするなら午前二時には出発の準備をしたい。

原始の姿

三月に入り、移動性高気圧が日本列島を覆う頃になると、雪が安定し陽は長くなり、行動するのもぐっと楽になる。

まったく展望のきかない樹林帯を、暗いうちから体を目覚めさせるようにゆっくりと登っていく。次第に谷川岳の東面の岩場が林の間から見え隠れしてくる。

林の中はすべての音を雪が吸い込み、まったく物音がしない。夜明け前は野鳥のさえずりもなく、静寂そ

のものだ。ひと息つきながら仲間の一人は「なんですかねこの静けさは」とストックに身を任せ足を止める。電車や車、時計、ラジオ、テレビ、洗濯機、携帯電話と、私たちにとって便利なものは、すべて音の出るものばかりだ。都会の騒音と喧噪に包まれた暮らしに慣らされた者にとって、この雪山のひっそり感と静けさは、もう一度人間の原始の姿を諭してくれる場でもある。

遠くのほうでかすかに野鳥のさえずりが聞こえる。鳥が日の出の合図を教えてくれる。

山の頂に立つ理由

長い急登の連続に、「もう一歩」と自分を励ますと、やっと視界が開け松《まつ》ノ木《き》沢《さわ》ノ頭《かしら》、一四八四mに到着する。相棒はピッケルからカメラの三脚に持ちかえ、一ノ倉の岩壁にピントを合わせている。

「衝立《ついたて》岩《いわ》正面壁はやはりすごい。まったく雪が付かず黒々としている。オーッ！　右のコップ状岩壁を見ろよ」

仲間は指差して一つひとつの岩壁に興奮している。私も谷川岳のいくつかのルートを登っていたので、じっと目で追っている。さらに仲間の望遠レンズを通した岩壁を眺め再確認する。沢沿いに大量に雪が積もり、盛り上がっている。黒々と立ち上がってくる岩肌に武者震いをする。

「オーイ見ろよ。二ノ沢の上部から雪崩だ」

白い雪の塊が落下しているのが見える。

頂上へはもう少しである。雪庇を踏み抜かないように落ち着いて進む。ババ岩、ジジ岩を右手に見ながら、次第に斜面がきつくなり、さらに慎重に登ると頂上であった。

周りに登山者が誰もいないので、仲間四人で子どものように両手を上げて万歳を唱えて、笑い転げる。おだやかな春の陽を浴びて、全員幸せそうな顔をしている。冬用のヤッケを脱ぎ、タオルで全身の汗を拭く。

山頂からはびっしりと雪を被った上州武尊山《ほたかやま》（二一五八m）や尾瀬が見える。自分が登った山には愛情をことさら注ぎ見つめるものだ。山の頂には、このすばらしい展望を抱き締めたいから登るのだ。

「やっぱり山はいいなあ」私は何度も心の中でつぶやく。元気なうちにもっと登らなくてはと次第に欲張りになってくる。

24

海谷山塊　七三二高地

うみだにさんかいななさんにこうち ▲732m

鋭い岩峰と深い渓谷

日本一のテント場

新潟県糸魚《いとい》川《がわ》市から海川上流を登ると、海谷の渓谷に入る。残雪と新緑の頃か、両側のブナの原生林が染まる秋がおすすめだ。現在は海谷三峡パークというキャンプ場ができ、駐車場が完備されて入山しやすくなった。

海川上流に沿って左手に千丈ヶ岳《せんじょうがたけ》の大岩壁が頭上を覆う。はるか奥には鉢山《はちやま》が天へ突き上げている。谷沿いの壁に斜めに走る小道がつけられ、春は山菜、秋はナメタケなどの茸を物色しながら、谷に落ちないように注意して進む。時には登山靴を脱ぎ、川を渡る渡渉《としょう》をすることもあるが、その先には桃源郷があるので、我慢して冷たい水を渡ろう。

一時間も歩くと七三二高地に着く。取入口高地ともいわれるが「七三二高地」のほうが秘境ぽく聞こえて良い。

私はここを「ミニ上高地《かみこうち》」と呼んでいる。本当に上高地を小さくまとめた山容である。日本一のテント場はどこかと尋ねられたら、海谷山塊の七三二高地と迷うことなく答える。

長く山を歩いてきた連中は、テントを張ることを「幕営」「テン場」と呼ぶ。キャンプ場というと、海辺や川原に大型の車で乗りつけて、野外の宴会場のイメージになってしまう。山ではせめて自分の背負える範囲の食料で、ささやかな夕食を楽しみたい。「野宿」もあっけらかんとしていい言葉だ。

七三二高地の広い川原は、一五九七年（慶長《けいちょう》二年）に近くの海川右岸の旗振山《はたふりやま》あたりで大きな山崩れが起こり、その土石が川の流れをせき止め、現在のような大きな湖水ができた。

クライマーの憧れ

海谷の両岸には烏帽子岳、阿彌陀岳《あみだだけ》、鬼ヶ面山《おにがつらやま》、駒ヶ岳《こまがたけ》、鋸岳などと一五〇〇m前後の山が連なり、鋭い岩峰はロッククライマーの憧れである。深い渓谷は長い間人を寄せつけなかった。

この地を山岳雑誌などで紹介したのは昭和四〇年代からである。千丈ヶ岳の未踏ルートと岩壁に取り憑かれたクライマーたちは、七三二高地を聖地のように崇めていた。誰も触れたことのない岩壁や沢、あるいは厳冬期の主稜と、より困難な山を目指すクライマーにとっては海谷山塊は初登攀意欲を掻き立てられるものであった。

隣の雨飾山《あまかざりやま》は多くの登山者が訪れるが、その裏の海谷山塊はまったく人影がなく静かな面影をそのまま残している。

残雪の頃に一八四一mの昼闇山《ひるくらやま》に同じ歳の友人二人と登ったが、夏とは違い、雪でヤブが埋まりどこでも歩け、快適そのものであった。空はすっかり晴れて、半袖になっても暖かい。

雪は山を原始の姿に戻している。すべての音を雪は吸い込み、ひっそりとしている。五月になるとぐっと日が長くなり、行動に余裕が出てくるのも嬉しい。

世俗をいくらか離れ、澄んだ大気と青い湖水近くでの幕営となると、レトルト食品は避けたい。糸魚川市から持ってきた日本海の生のイカや魚が、より幕営を盛り上げる。春は山菜の天ぷら、秋はナメコ汁を中心にした献立となる。そそり立つ岩壁の下で人間共は小さく固まり、地でとれたものを食べ、こぢんまりと喜びあっている。

桃源郷

毎年春と秋にかならず七三二高地を訪れる仲間の一人はやはりここを「桃源郷」という。昔は岩壁に目が吸い寄せられていたが、今はここに二、三泊してあたりの山を散策するのが極楽ととぼける。海谷の山の面白いのは、どの山も岩稜や鎖、固定ロープ、鉄梯子と、少し緊張させられることが多いところだ。だから、ハイキング気分で来る人は少なく、いつも静寂を守っている。また、新緑のブナやミズナラの瑞々しい葉を間近で見ると、生命の力強さを感じ、人はこの葉や木肌で癒されてきたのだと頷かされる。

登山基地である七三二高地はいつまでも昔と変わることなく自然のままでいてほしい。山で焚き火ができるエリアは次第に狭められてきた。許される範囲としては沢沿いである。山火事も怖いが、焚き火跡の散らし方である。焚き火もキャンプファイヤーのように盛大にやるのではなく、こぢんまりと謙虚にいきたい。翌朝にほんの少し白い灰が残っている。そんな焚き火を心がけたい。

深い谷間に一本の煙が立っている。焚き火にも山を思う気持ちが表れるものだ。

25

雨飾山

あまかざりやま ▲1963m

登山口に名湯あり

ロマンチックな山名

雨飾山はとりわけロマンチックな名で人気が高い。起点は大糸《おおいと》線の南小谷《みなみおたり》駅か、北陸本線の糸魚川駅である。新潟県糸魚川市と長野県北安曇《きたあづみ》郡小谷村との県境にあり、頸城《くびき》山塊の妙高《みょうこう》連峰の西端にあたる。

名前の響きから、穏やかな山を想像するが、ピラミッド形の見上げる岩山で、頂上近くには布団菱《ふとんびし》と呼ばれる豪快な岩場があり見る者を圧倒する。山名の由来は、雨や天を祀る山、「アマ火山」から転じたもの、山頂が猫ノ耳と呼ばれる双耳峰で「両飾山」との名もあり、その両が「雨」になったとも言われている。

昔から、近くの越後糸魚川から姫川《ひめかわ》に沿って信州に至る街道は「塩の道」として栄え、日本でも最も古い道として親しまれていた。

私たち四人は暇人なのでまずは雨飾温泉で一泊し、頂上を踏んで下山して、もう一泊を小谷温泉に宿泊の

予定。紅葉真っ盛りの季節は、こうしたのんびり登山が一番である。ブナの樹林帯がどっさりと残された山は時間をかけて歩くのに限る。何度も足を止め、まるで紅葉で体が赤く染まっていくようだ。

雨飾温泉から五時間ほどで山頂に立つことができたが、その山名から可憐で女性的な山と油断すると、しっぺ返しを受ける。急登が続き、喘ぎだした頃に、頂上直下の細かい岩だらけの広場に着く。さらに鎖場があり、へたりながら頂上に立つと、目の前に後立山《うしろたてやま》連峰が、そして日本海を見下ろせる。その風景に「やれやれ」と力ないつぶやきが出る。

風の神

地元の人々は昔から雨飾山を風の神として崇拝し、嵐を鎮めることを祈り、頂上の石仏に神酒《みき》を捧げ、豊作を願った。だから頂上の北峰に阿弥陀《あみだ》三尊《さんぞん》、大日如《だいにちによ》来《らい》、薬師《やくし》如来、不動明王《ふどうみょうおう》の四体の石仏と祠があり、南峰には三角点と山神の石柱が立っている。

ザックを下ろした四人はリンゴをくわえ、ただ呆然とあたりの山を見ている。私は心の中で一つひとつ山名を挙げていた。左から鹿島槍ヶ岳《かしまやりがたけ》、五竜岳《ごりゅうだけ》、立山、白馬岳《しろうまだけ》、さらにずっと右に能登《のと》半島が糸をひいたように見え、姫川に糸魚川市にと俯瞰《ふかん》する。頂に立ち、ふとこれまで登ってきた山を回想することがある。快適な晴天の山行はすっかり忘れ、雨に何時間も打たれ苦労した山の思い出はいつまでも体に染み込んでいる。

深田《ふかだ》久弥《きゅうや》の山の名著『日本百名山』によって雨飾山は脚光を浴びた山と言えよう。それまではアプローチも不便で、いわゆる玄人筋に受けていた渋い山である。『日本百名山』によって我も我もと最近になり登山者が押し寄せてきた典型的な山である。それは隣の、百名山ではない海谷山地・昼闇山にはまったく人影がないところからも言える。

まるで巡礼の旅

それにしても「雨を飾る山」とはなんともロマンチックなネーミングである。控え

目であるが意志が強く、頑固な女性を連想させる山名だ。

「やっと雨飾山に登ったぜ」と、正面の白馬岳にいつの間にか話しかけている。相手はじっと沈黙したままである。まったく返事がない。そのくせ山は寂しいのか、いつも人を呼んでいる。

こうしていつまでも頂上に留まりたいのだが、宿で用意してもらった昼食のおにぎりを食べ終えてしまったので、名残を惜しみながら下りに入る。

赤く染まったブナやカエデの葉を手帳に挟む。山に来た時はコースタイムと短い言葉を手帳に書きつけるのが癖になっていた。たいしたことは書かないが、後で読むと山の空気が妙に思い出せる。山に来ると不思議になにか書きたくなる。山を歩きながら人は絶えず安らぎを求めている。

布団菱の大岩壁を指差しながら、「この頃は、ああいうところを登る人も少なくなったね」と話していると、「あそこの左のルートを登ったのは」と、今は登山の講演会で活躍している名前を友人は言った。

「へえーあの人が」と私は驚いた。なぜならば初心者向きの安全登山ばかりを提案している人だからだ。若い頃は我《が》武《む》者羅《しゃら》なロッククライマーだったのだ。

小谷温泉の屋根が紅葉の間から見えてきた。なんとなくみんなで秋の歌を口ずさみながら、もう一泊する贅沢三昧な山歩きに満足していた。山をピストンのごとく短時間で往復し、車で慌てて帰る山の過ごし方は、定年後の連中には合わない。

山のコラム 4

山のスケッチ

山に行く時にカメラやスケッチ帖を持っていく人が多い。旅に出た時、人は何かを記憶し残したいと願う。写真アルバムを開くと、友人とあるいは家族と登った思い出が蘇る。幼ない息子を冬の赤岳《あかだけ》に連れて行き、その時の不安そうな顔がいじらしい。

何十冊にもなったスケッチ帖も旅や山の風景が多い。スケッチ帖はザックの中にしまうと、出すのが億劫になるので、肩から下げたポシェットに入れる。したがってハガキサイズが取りだしやすく便利だ。

山の絵はあまり気取って描くと味に欠ける。ひと息つく時に大雑把に鉛筆を走らせたほうが、勢いが出て山容も浮きあがってくる。山の絵で憧れるのは熊谷榧《くまがいかや》さんの絵である。白山書房からたくさん画文集が出版されているが、山の現場で描かれた絵には臨場感があり、山の空気が漂う。好きな画家の絵を真似して描いていると、いつの間にか納得できる絵に仕上がってくるから不思議である。

山小屋の掟
朝は布団を畳む
勝手に触らない
もう少し右に
山がどうした
バーロー
騒がない
バーロー
またかい
おかわり
めしをやたらに食べない

5章

宝物が
隠されている山

3000mの頂上に立つと
大袈裟だが宇宙の匂いさえする。

26

白馬岳

しろうまだけ　▲2932m

大雪渓と高山植物の豊富な秀峰

日本一の標高二一〇〇mにある温泉

白馬岳は長野、富山に新潟を加えた三県にまたがっている（頂上は長野・富山県境）。後立山連峰の最高峰である。白馬という山名は雪解けの季節に現れる山肌が、馬のように見えることに由来する。

農家はこの馬が現れるのを待って苗代《なわしろ》を作る時期にした。その形を「代掻《しろか》き馬」と呼び、やがて「白馬」に転じた。

白馬岳の魅力は剣沢《つるぎさわ》、針《はり》ノ木《き》雪渓と並ぶ日本三大雪渓の一つ、白馬大雪渓である。長さ二キロ、標高差六〇〇mに及ぶ雪渓は実に登り甲斐がある。さらに「花の白馬」と呼ばれているほど高山植物は豊富である。

特に雪渓上部からのお花畑には体が前かがみになり、跪《ひざまず》き見とれてしまう。コマクサ、シロウマアサツキ、ハクサンコザクラ、ミヤマアズマギクなどが短い夏を愛おしむかのごとく咲いている。さらに尾根伝いに歩

いていくと、日本でも最も高い、標高二一〇〇mの鎗《やり》温泉が待っている。

　だがこういう人気の高い山に夏の最盛期に登ると、雪渓を蟻のように数珠つながりで登る人の多さにうんざりさせられる。落石だけではなく、不注意からザックも人も転がり落ちてくるから油断ができない。

人気の山は晩夏、初秋が狙い目

　高校生の時に一人で意気揚々と大雪渓を登ったのだが、登り始めるとまるで海水浴場のような人の多さに呆れてしまった。ギリギリの旅費しか持ち合わせていなかったので、小屋の宿泊費が素泊まりでも足りず、受付にいた主人に泣きつき、やっとのことで布団部屋で寝た苦い思い出がある。

　人気の高い山はお盆が終わった晩夏か初秋が狙い目で、ぐっと静かに歩ける。あるいは梅雨が明けてすぐだと花も見頃である。

白馬から後立山連峰北部の縦走もおすすめのコースである。蓮華《れんげ》温泉から白馬岳、そして唐松《からまつ》岳におけるロングコースで山小屋三泊の長い行程になるが、稜線上から景色を眺めながら山を満喫できる。

この時は秋の一人歩きであった。一人の山は徹底的に荷を軽くするのに限る。基本装備以外余計な物はぜったいに持たないようにして、カメラも置いていく。スピーディーに動き、天候が悪化した時のために、エスケープルートも確保しておきたい。

一〇代の頃から奥多摩や八ヶ岳、穂高岳とよく一人でぶらついていた。テント泊の時もあったが、「怖い」と感じたことは一度もない。むしろ一人の時のほうが動きも早く、山とじっくり向かい合い満足する。

宇宙の匂い

都会の喧噪と騒音に慣れた者にとって山は沈黙の世界だ。山に入るとその静けさに耳を傾ける。鳥のさえずり、林を抜ける風の音、植物の匂い、岩のざらつきと、五感が鋭くなってくる。とりわけ一人の時は、自然の持っている緊張と穏やかさが刻々に増大していく。

バス停を下りて歩きだすと林の匂い、水の匂い、針葉樹の松の匂い、やがて森林地帯を越えると、硫黄や鉱物、さらに三〇〇〇mの頂上に立つと大袈裟だが宇宙の匂いさえする。

白馬岳から杓子岳《しゃくしだけ》、鑓ヶ《やりが》岳《たけ》を経て天狗《てんぐ》ノ頭《あたま》までの縦走路はまったく心配することはない。いよいよ最難所不帰《かえらず》ノ嶮《けん》が待ち受けている。

ザックのベルト類を締め直し、気合いを入れて不帰ノ峰の登りとなる。北アルプスの岩稜帯の岩場を経験したことのある者にとっては、恐れることはなにもない。岩場に鎖があるが、こういう鎖には体を預けず、補助として、しっかり自分の足で登ることがなによりも大事である。最も悪いところにはアングル材の梯子や針金、鎖が付いているので、慌てず慎重に足を運ぼう。最後にやせた岩稜があり、ハイマツ帯に入ると、これで危険地帯は終了する。稜線を上がるとそこは唐松岳山頂である。

振り返ると歩いてきた峰々が、白馬岳がすでに遠く見える。誰もいない山頂だがなにも寂しいことはない。だが不意に瞼が熱く涙があふれてきそうになる。かすかな風の息遣いがしている。山頂は自然が静かに呼吸している。

27

唐松岳

からまつだけ ▲2696m

八方尾根はスキーだけじゃない

何度もあの山へ行こう

唐松岳は東に延びる八方尾根が、日本有数の山岳スキー場として有名である。ゴンドラとリフトを乗り継いでいけば、標高一八〇〇mに建つ八方池山荘《はっぽういけさんそう》の前まで歩かずに上ることができる。一〇代の頃からスキーに熱中していたので、毎年雪が降り始めると八方尾根に通っていた。

千葉の高校にいた時に地元の山岳会に連れられ、唐松岳で初めての冬山経験をした。荷を背負える体がまだできていなかった。さらに雪面を歩くことにも慣れておらず、重いザックに立ち往生して笑われていた。唐松岳の頂上に立ったものの吹雪いており、視界はまったくなかった。

何度も同じ山へ行くうちに、愛着が湧いてくるものだ。朝日に照らされた白馬岳や唐松岳、五竜岳が記憶の中にくっきりと浮かび上がってくる。再度訪れた時

に、「待っていてくれたのだ」と山に話しかける。

冬から春にかけて、スキーと言うと八方尾根で滑ってばかりいたが、夏は一度も訪れたことがなかった。夏の風景はどんなものなのだろう。まったく想像もつかなかった。

あれがまさに青春

二〇代半ばの七月の終わりに出かけた。八方池山荘から木道を歩きだすと、ミズバショウが群生しており、その鮮やかな葉と花に驚いてしまった。同行したのは秋に結婚をすることになっていた婚約者である。大学時代からの交際が続き、私がきちんとした会社に就職することにより、やっと結婚にこぎつけられた。あれがまさに青春であった。

天気は申し分なく良く青空が広がっていた。砂礫地にはコマクサ、タカネスミレがひっそりと咲いていた。

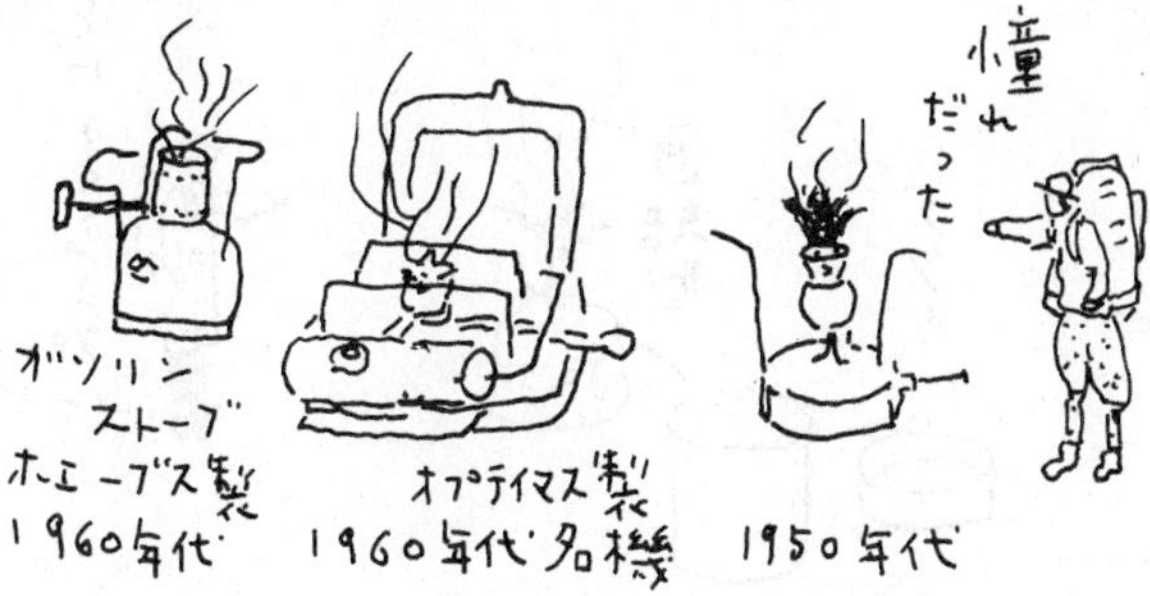

第二ケルン、第三ケルンを過ぎ、八方池の湖畔で休憩をする。ここが尾根の中間点である。冬とは違い白馬岳や五竜岳がどっしりと緑に埋め尽くされ、後立山連峰の重鎮的な存在に見える。池にはクロサンショウウオが生息すると言われるが、しばらく覗きこんでもその姿は見えなかった。

駅の近くの売店で買ったおこしを、テルモスからの熱い白湯と一緒に食べて二人して笑っていた。米や粟を水飴で固めたおこしのほんのりとした甘さが口に合う。おこしは江戸時代初期の武士の携行食と言われるが、たしかに軽く、日持ちも良い。これこそ山の行動食にぴったりである。今夜は丸山《まるやま》ケルンを登った森林限界のハイマツ帯にテントを張ることにした。

夕食は朝に自分で握ってきた大きなおにぎりが残っていたのでおじやにする。そしてラーメン。山の食事は簡素がいい。なお魔法瓶の中身は白湯にすると料理時に便利である。お茶やコーヒーを入れてくると、こ

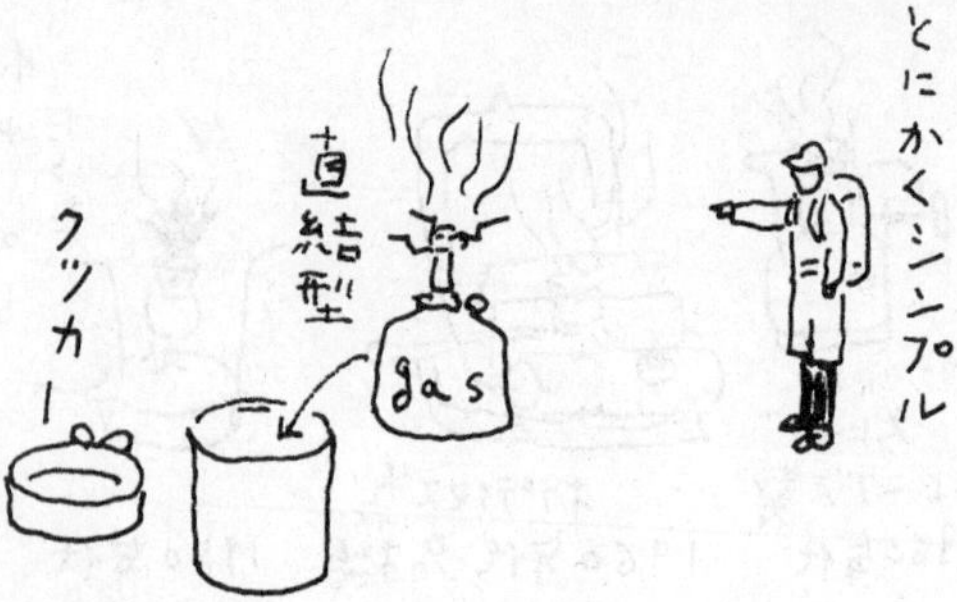

ういう時は捨てるしかない。

命の次に大切なストーブ

山では燃焼器具であるストーブが大事である。命の次に大切に扱いたい。兄からもらったスウェーデン製のストーブは大事に扱い誰にも触らせないようにしていた。小型で折りたためる石油ストーブは二泊三日程度の山には最適である。使うにはいくらかコツがあり、慣れない者が乱暴に使用すると、不機嫌になり火加減が安定しない。

このストーブと組みになっているのが、鍋やフライパンがセットになるコッフェルである。あちらこちらがへこんでいるが、こういう傷が増えれば愛着も一段と増すものだ。

ランタンのローソクに火が灯り、ストーブの力強いゴーという音がテントの中に響く。彼女は膝を抱えな

がら、珍しそうにじっとストーブを見つめている。夏とはいえ、夜は冷たい空気があたりを覆う。食事が終わり、紅茶をひと口飲んで寝袋に入ると、歩いてきた疲れが出てきたのか、あっという間に寝てしまう。

　夜半に強い雨がテントを叩き、木が擦れる音があたりに不気味に響く。いよいよ風が吹き荒れだした。しばらく眼をつぶったまま雨音を聞いていると、隣に寝ていた彼女が「水溜まりができている」と暗い声を出した。彼女の寝袋の下には窪みができており、そこに大量の雨水が流れ込んでいた。

　予想より早く前線が来たのか、気温が急激に下がってきた。水浸しの寝袋にこのままいるのはつらい。時計を見ると午前二時半を指していた。あと一時間もすれば外は明るくなるので、思い切って起き上がり、ストーブに火をつけて、テントの中を一気に温める。

　それにしても深夜に、よくもこれだけ大量に降ったものだ。甘い紅茶を飲むと、やっと落ち着いて次の行動を考えられた。雨も風も次第に弱まってきたので外に出て歪んだテントを直しているると、テントから顔を出した彼女は「テントに泊まるのはいろいろあって大変だけど楽しい」とあっけらかんとした声で言った。

28

剣岳

つるぎだけ ▲2999m

いくつもの難所が待ち受けている雄峰

岩と雪の殿堂

剣岳は「岩と雪の殿堂」と呼ばれている。北アルプス北部の雄峰に、三人の仲間と七月初旬に登ってきた。宇奈月《うなづき》温泉から黒部峡谷《くろべきょうこく》鉄道の名物トロッコ列車に乗って欅平《けやきだいら》で下車し、蜆坂《しじみざか》の急な登りから登山が始まる。上野《うえの》から魚津《うおづ》まで夜行でぐっすり寝てきたのに、まだ体がしっくりいかない。ここから黒部川沿いの切り立った岩壁に細い登山道があり、転落の危険もあるので脇見はできない。この険しい道は登山者用に造られたものではない。黒部発電所建設のための建設路である。多くの作業員が狭い道から谷底に落ちたという。すごい高度感に目がくらむ。志合谷《しあいだに》のトンネルの中は暗く、曲がりくねっている。水も流れ、ヘッドランプを点けてこわごわと通過していく。

この緊張する水平歩道が終わると、ブナ林が登場し道もしっかりとして安堵する。富山の名物鱒《ます》ずしをザ

ックから取り出し休憩となる。

山で食べるものはどれもこれもおいしい。この時の鱒ずしの味が忘れられない。都会にいる時と運動量が違うので、体が飢えたように酢飯を欲しがる。

対面の奥鐘山《おくかねやま》の大岩壁が見える。目を凝らして見るが、この日はクライマーの姿はなかった。同行者は「秋にあそこを登りますかね」と言った。

鱒が載っただけの素朴な押し鮨を、三人とも感謝感激雨霰《あられ》のごとく頷いて食べた。その夜は阿曾原《あぞはら》温泉小屋で泊まるので、昼食後は至ってのんびりした行程である。

いで湯が疲れを流す

小屋は冬になると雪崩で潰される。そのため解体しやすいようにプレハブ小屋だが、夏は充分快適な室内だ。外の露天風呂が天国である。日中は断崖絶壁の岩

をくりぬいた細い道に神経を使ってきただけに、いで湯が疲れを流してくれる。明日は仙人谷《せんにんだに》を詰めて仙人池ヒュッテに泊まり、もう一泊は剣澤《つるぎさわ》小屋と贅沢三昧の山歩きである。

二日目の早朝の仙人池から眺めた裏剣岳はカメラマンの憧れの風景である。池に映った逆さの剣岳の写真を何度見てきただろう。八《や》ッ峰《みね》などの岩峰群はまことに絵になる光景である。この日は梅雨が明けた直後を狙ってきたので、私たち三人だけであった。

真《ま》砂沢《さござわ》出合から剣沢の大雪渓が登場する。日本海が近いので冬には季節風の影響で大雪を降らせる。その積雪量は北アルプス南部の穂高と比べても圧倒的に多い。その雪は深い谷筋に何百年も重なり万年雪となる。

滑らないようにアイゼンを使い、両手にストックを持ち、堅いスプーンカットされた雪渓を登っていく。二時間も進めば剣澤小屋が見えてくるはずなのに、一面に霧が舞いガスってきた。まったく展望がきかず、もう小屋に着きそうな時間なのにどこにあるのかさっぱり分からない。体力のあるリーダーは足が速いので、すでに姿が見えない。

難所カニのタテバイ

まったく景色が見えないので、方向を見失う危険があるが、とりあえず雪渓を登っていけば小屋に着くはずだ。こういう時は音もなく雪渓を滑り降りてくる落石にも注意をしなくてはいけない。そう思って二〇分も登ると山小屋の全景がふあーっと見えてきた。

玄関の前で友人が笑って手を振っている。「遭難するかと思ったよ」と私が冗談ぽく言うと、「遅いから救援に行こうかと考えていたところ」と彼は言った。

翌日は、剣岳の頂上を目指す。山頂の前に難所の「カニ」が待ち受けている。前剣を越えると、カニのタテバイと称する一番の難所が出てくる。垂直の岩場には鎖があるが、転落事故が絶えない場所である。先行する彼は岩場に弱い友にロープを結び確保する。大きなゴロゴロの岩の斜面を登ると祠のある山頂に無事に辿り着いた。

三人で記念写真を写すと、やっと落ち着き、干しブドウを口に放り投げ、あたりの展望を見る余裕がでてきた。黒部源流の山々、薬師《やくし》岳《だけ》、水晶岳《すいしょうだけ》、遠くに槍ヶ《やりが》岳《たけ》と穂高

岳が見える。何度も体をぐるりと回し、白馬岳、鹿島槍ヶ岳、唐松岳の後立山連峰にもう一度指を差し見とれる。眼下に日本海が驚くほど近くに広がっている。

剣岳は古くから不動明王として崇められ、信仰の対象として修験者に登られてきた。しかしいったい誰が最初に登ったのか長いこと分からなかった。一九〇七年（明治四〇年）に陸軍の測量班が道なき道を探り、登頂を果たした。だが喜びの声をあげようとしたその瞬間、驚いたことにそこには、奈良時代のものと思われる錫杖《しゃくじょう》の頭と槍の穂先、そして焚き火の跡があったのだ。長いこと人跡未踏とも言われた剣岳はすでにはるか昔に人の手に落ちていたのだ。

下りは登る時には気がつかなかったミヤマキンバイやミヤマリンドウをカメラに収めた。晴々とした気分で足取りも軽い。

高山植物の頭に「深山《みやま》」とすべてつけて呼ぶ人がいるが、それは私のことである。

29

燕岳

つばくろだけ　▲2763m

岩峰群と白い砂礫とハイマツが美しい

歩き始めの急傾斜

長野県大町《おおまち》市と安《あ》曇野《づみの》市の境にある燕岳は北アルプスの中でも危険箇所がなく、初心者でも安心して登りやすい山である。山名の由来は山頂付近の山並みがツバメに似ているから。あるいは松本《まつもと》盆地から見た時、残雪の雪形がツバメが羽を広げたように見えるからという説がある。私は長いこと「つばめだけ」と読んでいた。それも間違いではないが、現在は「つばくろだけ」に定着している。

残雪が多い五月の頃、夏にそして正月にと何度も歩いてきた。中房《なかぶさ》温泉から山頂を目指す合戦《かっせん》尾根のコースが迷いにくく、入山者が多い。

歩き始めのカラマツ林の急傾斜、この三〇分の登りが実につらい。こういう急坂は亀のようにゆっくり足を運ぶのがコツである。「まったく、もう」とひと汗かくと、第一ベンチで小休止。休むたびにザックを下ろし、どっかり座ると逆に体が疲れる。体が山に慣れるまで立ったままのほうがリズムに乗れ、調子が良くなる。

山男の「しごき」

山男は時々「しごき」という言葉を使う。まるで軍隊の厳しい鍛練のように聞こえるが、昔は岩場で使うロープが麻で硬くゴワゴワしていたので、やわらかくするために「しごく」と言った。弱い者をいじめるのとはまったく違う。まだ体が山に慣れず荷が重い時、「さあゆっくりしごいていくか」とリーダーが声をかける。体を慣らすことをいう。

もう一つ、「一本立てる」は、休憩の合図に使う言葉だ。これは「一本タバコを吸って休む」ではない。山小屋に荷上げをすることを「歩荷《ぼっか》」と言う。休む時は杖のようなものを背負子《しょいこ》の下に入れひと息つく。こ

の杖を使うことを「一本入れる、立てる」と言う。重い荷は地面に下ろすと二度と担げなくなるので、杖で支えるのだ。

山登りの基本は歩くことである。休息も大切だが、休み癖を付けると前には進まない。そして疲れたからといって腰を下ろすのが逆に一番疲労の原因になる。たとえばこの急登が続く合戦尾根の場合でも時折、まるで登山道を塞ぐようにだらしがなく両足を投げだし休んでいる人がいるが、そういう人は山頂に立つ資格はない。

第一ベンチ、第二ベンチ、富士見《ふじみ》ベンチそして合戦小屋と休むべきところにはきちんとベンチがある、そこでひと息つくことだ。見晴らしが良く、水場も、さらに弁当を広げても安全な休憩場所も、登山道を開拓した人は考えて作っている。それを尊敬することは大事である。

燕岳から槍ヶ岳

燕山荘には「文化」の薫り

合戦沢ノ頭で灌木帯を抜けると、一気に展望が開け、念願の燕山荘《えんざんそう》が見えてきた。夏などはこのあたりに高山植物が広がり、コマクサのピンクの花が見られる。ここまで登れば小屋が近いので、あとはじっくり、花を飽きるほど見たい。ゴゼンタチバナ、コバイケイソウ、トウヤクリンドウ、シナノキンバイと咲き乱れている。

燕山荘は北アルプスの山小屋の中でも「文化」の薫りが最も漂う小屋である。先代の支配人が信州の文人墨客たちを尊敬し応援していた。室内に飾られた絵や写真を見ると納得する。燕岳に立つよりこの燕山荘に泊まりに来る客が多いのも頷ける。家具や調度品が凝っている。暖かい中に毅然とした雰囲気がある。

燕岳山頂から見る槍ヶ岳が印象的だ。大天井岳《おてんしょうだけ》が大きく立ち、稜線越しに槍ヶ岳の尖った頂が天に突き上げている。

あれは何年前のことだったのだろう。元旦の御来光を見るために燕山荘で過ごそうと息子と登った。ピッケルにアイゼンと完全に冬山装備を身につけ稜線に出た。その時飛ばされそうな強烈な風で体が揺れた。とっさにピッケルで雪面を叩き姿勢を低くした。目出し帽を被っていた息子も必死に風に耐えている。こういう時は行動を一時ストップさせ、強風の通過を待つのが鉄則である。

「もう少し待とう」と振り返り、体をもっと低くするよう息子に合図した。

積雪量は少なく危険箇所もなく、小屋まであと一歩というところだが前に進めない。ふっと一瞬風が弱まった時を狙い慎重に登った。小屋の玄関前に着き、安堵の声を息子にかけた。「お父さんきつい風だったね」と息子は息を吐きアイゼンを外した。睫《まつげ》と鼻口の周りには氷がびっしりと付いていた。

30

大天井岳

おてんしょうだけ ▲2922m

コマクサと高山蝶の宝庫

五月の残雪は重い

常念《じょうねん》山脈の最高峰が大天井岳である。燕岳から槍ヶ岳に至る道は一九二〇年（大正九年）に山のガイド小《こ》林《ばやし》喜作《きさく》が独力で開き、喜作新道と呼ばれる。今では北アルプスの表銀座コースと言われ人気が高い。

山名「オテンショ」は「御天所」で二ノ俣谷を詰めた最高所という意味。ある本には決して「ダイテンジョウ」と呼ばないでほしいと書かれていた。

その二ノ俣谷を詰めた最高所の斜面で、五月の中旬に私たち四人は雪崩の恐怖にさらされていた。雪面の山腹を横切って町営大天荘《だいてんそう》まであとひと息というところで、もがいていた。あたりは暗くなりかけ、下を見ると二ノ俣谷が奈落の底のように、大きく口を開けて私たちを待っている。

このままトラバースをすると、雪崩が起きるとリーダーは判断した。岩稜沿いに上を目指し確保するため、

ロープを取りだした。四人ともそれほど緊張はしていなかったが、いつも重い荷を担いでくれる歩荷役の青年は、二日間雨に降られたテントに「重いなあ」と珍しく弱音をはいていた。

馬力が一番ある男を一人先行させ、大天荘小屋が開いているはずだから夕食の準備を頼むことにした。夏なら、喜作新道の大天井ヒュッテから大天荘まで、ほんの一時間で歩ける。しかし雨をどっさり吸った五月の残雪は重い。一歩進むと靴が動かなくなる。雪にうずもれた大天井ヒュッテで行動食を食べたのはたしか午後の一時頃であった。もう五時間近く、この斜面で足止めを食っているのだ。あたりはどんどん深い闇に包まれていく。

雪のある北鎌尾根は最難度

心細くなってきたので、逆に私は雪面に強くピッケ

燕岳から常念岳

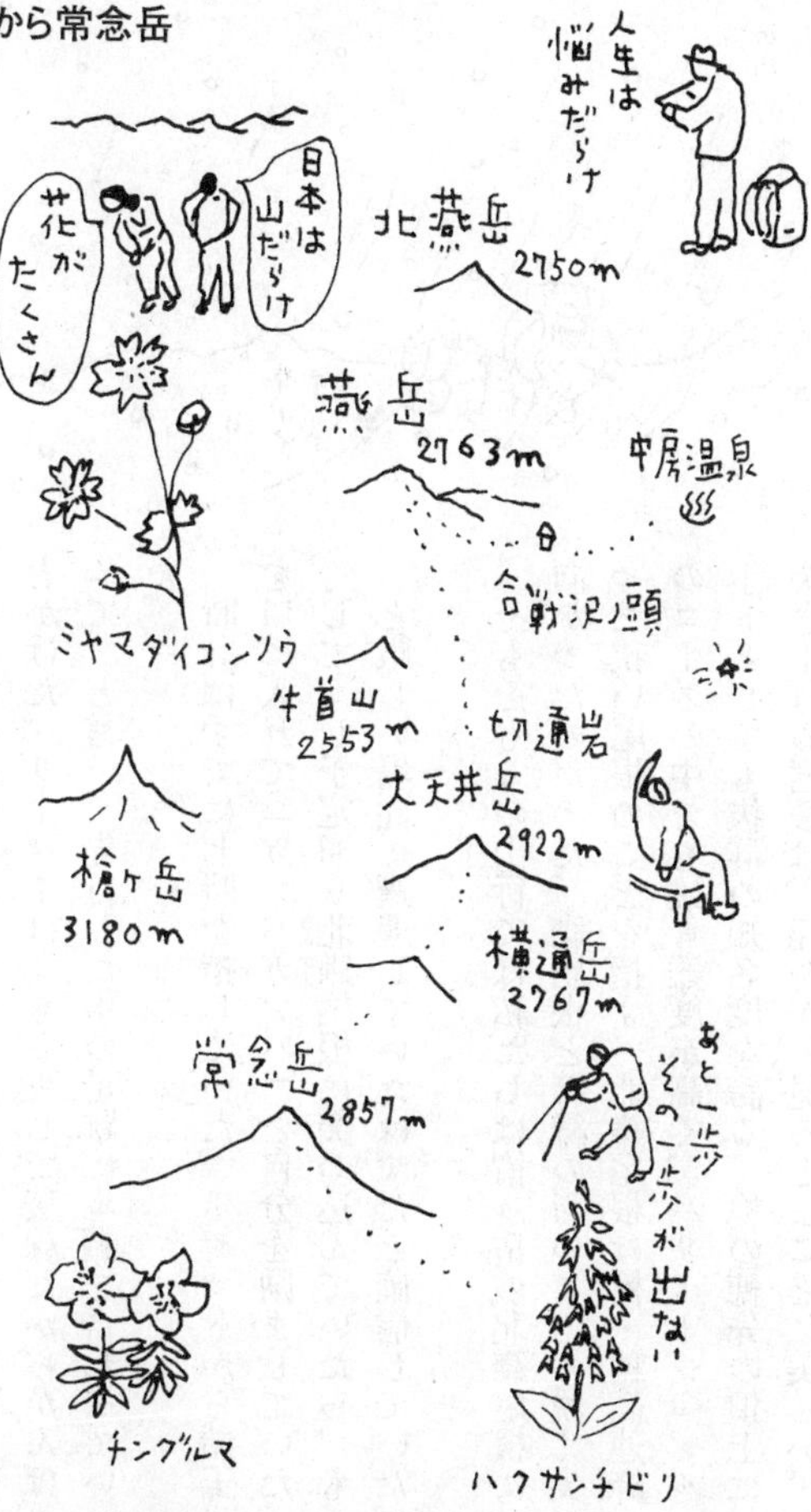
人生は悩みだらけ
日本は山だらけ
花がたくさん
北燕岳 2750m
燕岳 2763m
中房温泉
ミヤマダイコンソウ
合戦沢ノ頭
牛首山 2553m
切通岩
大天井岳 2922m
槍ヶ岳 3180m
横通岳 2767m
常念岳 2857m
あと一歩その一歩が出ない
チングルマ
ハクサンチドリ

ルを刺し、小型カメラをヤッケから取り出し、元気をつけるために残された二人に「笑ってください」と声をかけた。リーダーは「もう少しで稜線だからがんばって」と言い、先行した男の足跡に歩調を合わせていた。

時計はすでに七時を指していた。ポケットから飴玉を口に入れて「ガンバガンバ」と自分を励ましていた。そしてもし予定通り北鎌《きたかま》尾根に突っ込んでいたら、もっと厳しい場面に遭遇していたはずだと確信していた。

そもそもこの山行では私たちは槍ヶ岳の北鎌尾根に向かったのだった。鎌尾根とは鎌の刃のごとく鋭く尖った狭い尾根のことを指す。北鎌尾根は槍・穂高連峰のコースの中でも最も難度が高く、バリエーションルートとしても抜群の知名度を誇る。槍の穂先の頂上に突き上げる岩稜は、遠くから見るとまことに美しい。一度はあの尾根にとりついてみたいと岳人は願う。北鎌尾根が登山道と違うのは、絶えずロープを結ぶ岩場だということだ。

北鎌尾根の存在をより高めたのは、昭和の初期に活躍した、加藤文太郎《かとうぶんたろう》、松濤明《まつなみあきら》の遭難によってである。積雪期にこのルートを登るにはそれ相当の覚悟が必要になってくる。


「助かったよ」


私たちは高瀬《たかせ》ダムから湯俣《ゆまた》を通り、廃道になった極めて危険な斜面が続く水俣川を詰めて、千天《せんてん》出合にテントを張った。だがその夜から強い雨が降りだした。

次の日も雨がやまず行動は停滞した。四人とも普段の疲れをとるように、一日中寝てばかりいた。五月とはいえ残雪は多く、稜線から落ちてきた雪崩の跡が、沢沿いに何層にも大きく盛り上がっている。

狭いテントの中で中年四人組はいったい何を話しているのだろう。仕事のこと、山の話題、日本の将来についてと、後になってみると取るに足りない話ばかりだったような気がする。

三日目の朝、北鎌方面を見つめ、「これだけ雨が降ればかならず雪崩る」

リーダーのこのひと声によってエスケープルートとして貧乏《びんぼう》沢を登り、大天井岳から燕岳へとコースを変えることに決定した。

もう一歩で稜線に出られると思った瞬間のことだった。先行した馬力のある彼のヘッドランプが合図のごとく、大きく円になって見えた。

「小屋が開いている。めしの用意もできるぞ」と大きな怒鳴り声がした。へたばるように登った稜線の夏道の歩きやすいこと。雪があるとはいえ平らな道にこれほど安堵したのは初めてである。四人は小さな明かりが灯る小屋に向かってアイゼンを付けたまま歩いていた。すでに午後八時を過ぎていた。

私はリーダーに「助かったよ」とグローブをしたままの手を出すと、リーダーは、目と口だけ出ているフリース帽の下で少し笑っていた。

「ほっとしたよ」。そういって体を揺すった。

31

霞沢岳

かすみざわだけ ▲2646m

常念山脈最南端の名峰

先人たちの思いにひたる

上高地から真南に、花崗岩の三本槍《さんぼんやり》と呼ばれる岩峰がそびえている。その霞沢岳は意外と知られておらず登る人も少ない。夏の最盛期の槍や穂高に登る人の多さに、うんざりさせられる時がある。そんな時、静かな霞沢岳に向かい、じっくりと穂高連峰を眺め、大展望を独り占めしたことがある。

登山コースは徳本《とくごう》峠からの往復しかない。三時間半ほどで頂上に立てる。徳本峠へは、島々《しましま》から谷を詰める古典的なルートをやはり一度は歩きたい。霞沢岳と徳本峠は切り離すことができない。

徳本峠は、信州と飛騨を結ぶ街道として古くから歩かれた歴史ある峠道である。一九三三年（昭和八年）にバス道が上高地まで開通する以前は、松本市から上高地に入るには、この徳本峠を足で越えるしかなかった。

島々谷からの峠越えを歩くことにより、先人たちの思いにひたれるのもこの山歩きの楽しみの一つである。

近代に入り、登山を目的に峠を越えたのは、イギリス人ウォルター・ウェストンである。そして小島烏水《こじまうすい》、志賀重昂《しがしげたか》、大島亮吉《おおしまりょうきち》、芥川龍之介《あくたがわりゅうのすけ》、高村光太郎、その妻智恵子と多くの文人たちも峠を越えた。

穂高が一番美しいのは十一月

私が峠を越えたのは二〇代の初めの頃であった。あれからすでに五〇年。まさに光陰矢のごとしである。単独でテントを背に穂高に向かったのだが、荷が重いためかすでに徳本峠の手前岩魚留《いわなどめ》小屋までヘロヘロになっていた。木の橋が壊れ、荒れ果てた道に唖然としながら歩いた記憶が蘇る。

一〇年ほど前に同じコースを歩いたが、立派な鉄製の橋に標識が確立し、登山路が整備されていたのには

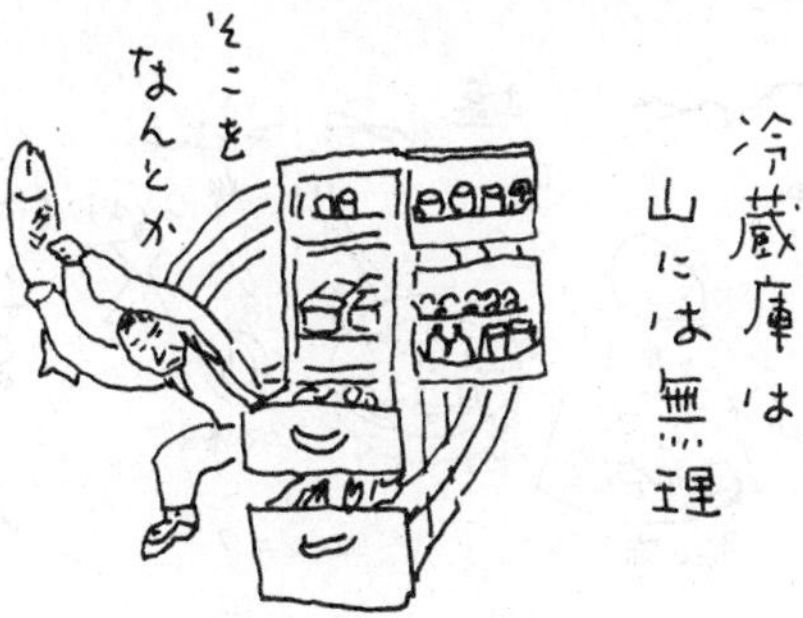

驚いた。上高地までトンネルが拡張され、大型バスが入るようになっても、徳本峠への愛着が途切れることはない。近年になり、逆にこの峠は人気が出てきたようだ。島々宿から岩魚留小屋まで十二キロ、四時間のコースである。テントの人は小屋の横が適している。十一月の連休が終わると、上高地の売店や穂高の小屋は店じまいを始め、登山者の姿もめっきり少なくなる。

だがこの時期の穂高が一番美しく、本来の静けさを取り戻す。稜線には初雪が積もり、モミジやナナカマドが赤く染まり、青い空に三段紅葉が映える。本格的な冬に入る前の穂高の気高さに惹かれて山に入る登山者はツワモノである。

断然テント派

私は山小屋より幕営、テントを断然好む。それも山

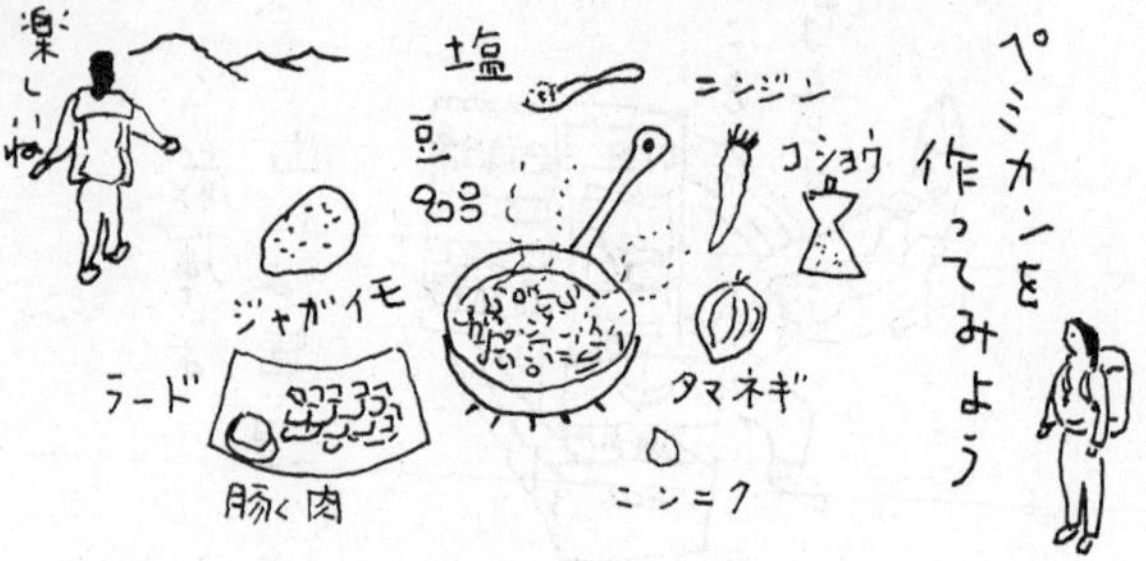

が混雑している時期は避ける。夏のハイシーズンにはぜったいに「百名山」のような有名な人気のある山には近づかないようにしている。穂高周辺なら霞沢岳や笠ヶ《かさが》岳《たけ》のように、一歩離れた山を選ぶ。私の山仲間は奇人・変人が多いので、混雑した山小屋には泊まらない。人目を避け沢の奥に入り、シュラフカバーだけで冬眠するようにじっと横になっている。

晩秋になると気温も下がり、食べ物が傷みにくくなるので助かる。この時期テントで行く時の食材はペミカンである。ペミカンとはラードに肉や野菜を混ぜて固めた非常食である。保存食に乏しかった時代の産物だが、現在でも生きていて自分で作る。

自宅の台所に立ち、フライパンを振るだけで山に思いを馳せられ、気分はすでに山の中である。私のペミカンはタマネギ、ニンジン、ジャガイモを細く切る。それにコマ切れの豚肉と豆。さらにニンニク、コショウ、塩を少量入れ、ラードできつね色になるまでゆっくり炒める。最後にラップに小分けする。ラードが冷えると固まり、持ち運べるようになる。

このペミカンはカレー、シチュー、トン汁と汁物に偉大なほど力を発揮するし、一切ゴミを出さない利点もある。真夏は心配だが、秋から春にかけては絶大な信頼を置いている。

今回は徳本峠の岩魚留小屋のテント場で友人とカレーを作ることにした。カレーは日本全国テント場のトップメニューである。

少量だが生のキャベツがあるので嬉しい。無洗米を三〇分水にひたし、二つのガスストーブに点火する。火が消える時には料理ができている。

時折山小屋で酒盛りをし、バカ騒ぎをしているおやじ共がいるが、山の酒はいつも飲んでいる量の四分の一に抑えるべきである。山小屋なら食事の後の一杯で酒をやめるのも、マナーといえよう。「酒臭い人はどこに行っても嫌われるもの」と自分も深く反省することしきり。友は岩魚の薫製を出発点のバス停前の店で購入してきた。さてもう一杯と、相手の目が誘う。

32

常念岳

じょうねんだけ　▲2857m

安曇野の象徴

僧侶の雪形

松本平の西に常念山脈が連なる。延びた稜線の中でひときわ目立つ三角錐の山が常念岳である。松本盆地や安曇野のどこからも見える。山麓を走る大糸線の車窓からもいつまでも付いて回る。ピラミッドのような山容は遠方からくっきりと目立つ。

常念岳は別称常念坊と言われる。春先に、その山腹に現れる雪形が僧侶のようだからだ。徳利を持ち法衣をまとった、あるいは合掌しながら念仏を唱えるような僧侶に見える。冬が終わり、農作業を再開する田植え時期の目印であった。

常念岳にはことのほか思い入れがある。私は児童書出版社の社員だった三〇代、春になると毎年のように松本市内の書店と保育園、幼稚園へ絵本の販売促進に訪れていた。山が好きなために、松本に限らず北陸や長野への出張を命じられると、私は喜び勇んで出かけ

ていた。
地元の人は僧侶の雪形が現れると、「常念坊にごあいさつ」と両手を合わせていた。安曇野から見た風景や出会った人たちは、いつまでも心に残っている。
仮に別荘を建てるとしたら、ぜったい松本の小高い丘の上か安曇野がいい。安曇という響き、語感がなんともすばらしい。「あづみの」と聞くと水の音、森、集落、穂高神社、そして常念坊がセットになって私を豊かな風景に導く。

台風接近

燕岳から蝶ヶ岳《ちょうがたけ》までの人気縦走路を歩いたのは、九月中旬であった。いつもの山仲間と、まずは燕岳へ向かう急登で有名な合戦尾根を、悪たれ口をつきながら登る。燕山荘に着くと、偶然に知人の女性の画家とバッタリ会った。山登りの好きな親子で、燕岳は初めてだと少し緊張した表情をしていた。聞いてみると私たちと同じコースで向かうと言うので、合流して進むことにした。

翌日は台風が近づいていた。湿っぽい風が左右に揺れ動き吹いていた。私たちのリーダーはこの北アルプスの表銀座縦走路を何十回も歩いていたので、登山道を熟知していた。少しぐらい天候が悪化しても、逃げ道は知っていた。

画家の親子を入れた私たち五人はこの登山路を整備した昔の山案内・小林喜作のレリーフがある切通岩《きりとおしいわ》を通過した。その辺から、じわじわと風が強くなり、大天井岳を越えると途端に、風雲が怪しくなってきた。まだ降ってこないのは助かるが、風は次第に強まり、前後左右によろけるありさまである。

リーダーはまず雨具をチェックし、強風が来たら体を低くして、ストックで体を支える模範姿勢を示した。そして蝶ヶ岳へ行くのはやめて常念小屋に逃げ込む作戦に変更した。

全員が小さな岩陰に、ひとかたまりとなって、とりあえず行動食を口に入れて元気をつける。こういう悪天候では、余裕のある時にお腹にエネルギーになるものを入れるのが習わし。私たちはコンニャクゼリーを食べながら、「栄養はないが力にはなるな」とつまらないことを言い、クラッカーを頬張る。

洗濯機でもまれる

さて歩きだすと、途端に風が強くなり身が危険になってきた。いち早く稜線から下りて風を避けたい。リーダーは親子の前後になりながら進む。周期的に襲う強風が来ると、全員体を低くしてやり過ごす。時には両手で岩にしがみついて風が通り過ぎるのを待つ。

ついに雨も強く吹き荒れだした。これは洗濯機の中で体がもまれているようだ。雨が重なり視野が狭まってくる。こういう時はバラバラに行動するのは危ない。リーダーにしたがい、一団かたまりとなって下っていく。

まだ斜面が緩やかなのが救いだが、見る見るうちに体温が低くなっていくのが分かる。毛の手袋を持ってこなかったことを後悔していた。手はすっかり冷え切って、ストックを掴もうにも力が入らない。雨具のフードの下から小屋の屋根がやっと見えてきた。私は

「ふーっ助かった」と大きく息を吐いた。
雨に濡れた白いチングルマの花が咲いていた。

山のコラム
5

昭和のハイカーたち

かつて山に登る人は若者が中心だった。昭和の時代は町や職場の山岳会、大学の山岳部がまだ元気であった。そして「百名山」制覇を目標にした者などほとんどおらず、自分の好きな山に何度も通っていた。さらに国内のツアー登山もほとんどなかった。山男がふんぞり返って素人を山に案内していた。

昭和のハイカーは全体に地味であった。服も靴も、ザックもみな控え目であった。山は車ではなく列車で行くもので、駅のホームは笑顔で溢れていた。

昭和と平成のハイカーの大きな違いは、山岳書を読まないことだ。さらに山で歌わないことだ。ひと昔前の登山者は、山の歌やロシア民謡、そして日本の唱歌「赤とんぼ」などを山小屋のストーブの前で歌ったものだ。おやじ達はぜひとも山の歌を復活させたい。山に入り山の歌を口ずさむと、よりいっそう山の思い出になる。そして山の本もたくさん読んでほしい。

ザックに思いを詰める
ここの山小屋の食事が楽しみ
山の星が美しい
子どもと行く山登り
父ちゃん
どこもうるさい
父ちゃんテントは幸せ

6章

人生の山

頂上には言葉はいらない。
ただ黙ったまま
見つめているのが正解である。
頂上に立つと精気が全身を覆い、
勇気が湧いてくる。

33

槍ヶ岳

やりがたけ ▲3180m

空を鋭角に突く

濃紺の空

ペン先のような鋭い岩峰が天を突いている槍ヶ岳。そのものずばりの命名。遠くのどこの山からもハッキリとその形が分かる、北アルプス南部を象徴する雄山である。槍ヶ岳を中心に四方に鋭い岩稜が派生している。槍ヶ岳が現在のような尖った形になったのは四つの沢の氷河の浸食と強風による風食と言われる。

初めて登頂したのは江戸時代の一八二八年（文政一一年）の播隆上人《ばんりゅうしょうにん》。四回登って三体の仏像を安置し、難所の岩場に鉄鎖をかけて信者の安全登拝を可能にした。槍沢の上部、お花畑とハイマツの急登を越すと、彼が寝泊まりしたといわれる岩窟「坊主《ぼうず》岩《いわ》小屋」がある。天候の急変時には現在も利用されている。

多くの登山者が最も安心して歩けるコースが上高地から槍沢の道である。よほどの健脚者以外は横尾《よこお》山荘か中間点の槍沢ロッヂに一泊して頂上を目指す。

私が一番初めに来たのは高校二年生の一一月の連休が終わった晩秋であった。横尾に一人でテントを張り、奥穂高の往復、槍ヶ岳の往復と三日間の充実した山登りを満喫した。とりわけ槍ヶ岳へ登った時はすべての小屋は閉鎖され、まったく一人の人にも会わず、頂上にも誰もいなかった。小さな祠の近くに立って、はるか遠くの、まさに日本中の峰々がすべて見渡せるような天候に恵まれた一日であった。この時濃紺の空を初めて体験した。空が真っ黒に見えるのだ。一七歳の少年だった私は、あの時なにを考えていたのだろう。今となってはあの怖いような濃い藍色しか記憶にない。

父息切れ、息子軽やか

二度目に槍ヶ岳に登った時にはそれから三〇年がたっていた。偶然なのか、息子が高校二年生の夏休みに誘ってみた。普段から無口な息子は休憩の時に声をかけても「ああ」と短い返事をするだけで要領を得ない。

お盆も終わり夏山シーズンも過ぎた時期なのに、槍沢ロッヂは予想に反して宿泊客で混雑していた。明日は山頂の槍ヶ岳山荘に泊まり、さらに北アルプスの登山道の中でも第一級の難所、大キレット越えが待っている。奥穂高までの長い縦走コースを息子と歩くのだが果たして無事に下山できるだろうか。

槍沢ロッヂの夕食は驚くほど豪華であった。息子は御飯のお代わりを頼み黙々と食べている。ビールを飲みながら私が、「明日は長い登りが死ぬほど続くぞ」と言うと、「ああ」と短い返事で頷いていた。

槍沢ロッヂからの登りは高度を稼ぐのにしたがい傾斜が強くなってくる。水俣乗越《のっこし》分岐から大曲《おおまがり》にかけて道の両側にミヤマキンポウゲ、ミヤマキンバイの花が、かつては氷河によって削られた深い谷を彩っている。

空模様が次第に怪しくなってきた。午後には本格的に雨が降りだしそうだ。坊主岩小屋から石畳の道を息を切らして登っていく。息子は腕組みをして、リズム良く足取りも軽そうだ。

私が息子と同じ歳の頃は、ほとんど休むことがなく頂上に立てたのに、日頃の運動不足がたたり足が重く、休む回数が多くなり、肩で荒い息を吐いている。「お父さん荷を少し持とうか」。見かねた息子が手を差し伸べてくれる。カメラに水筒、それに

食料袋を息子に持ってもらうことにした。

槍ヶ岳山荘が見える最後のジグザグの道で息子に先に行ってもらい、小屋の手続きをしてもらうことにした。雨が降りだし突然強風が吹き荒れだした。帽子を被り上下の雨具を着たが、小屋に着くたった三〇分の間に全身びしょ濡れになり、寒さで体が震えてきた。夏とはいえ三〇〇〇m級の稜線の怖さを改めて実感した。

垂直の岩場

その夜は小屋ごと吹き飛ばすのではないかと思えるほどの強風が続き、布団に入っても落ち着かなかった。さらに次の日も一歩も外に出られない風と大雨で、停滞の一日であった。息子は部屋の片隅でノートに好きなオートバイやロボットの絵を丁寧に描いて退屈な時間を過ごしていた。翌日はさすがに強風は過ぎ去り、クッキリと晴れ渡っていた。

槍ヶ岳から奥穂高への北アルプスきっての難所が待ち受けている。ただし鎖や鉄梯子があるので落ち着いて行動すれば恐れることはない。浮き石と落石に注意しながら大キレットを通過し、北穂高に立った時、私は安心感から大きく両手を広げ、空を見上げた。息子もだいぶ緊張していたのか、垂直の岩場を何度も振り返っていた。

あとは涸沢岳《からさわだけ》の被さる岩の道が要注意だが、そこを越えれば、穂高岳山荘は目の前である。息子とはこれまで奥多摩や八ヶ岳と何度も山を歩いてきたが、槍ヶ岳から穂高までのロングコースは初めての経験である。息子の山での身のこなし方に心配なところはまったくなかった。

穂高岳山荘の図書室は和める。息子は穂高の写真集を熱心にめくっていた。そして偶然に私の昔からの山の知人に会い、息子を知っているその知人は「ずいぶん背が伸びたなあ」と懐かしそうに息子の肩を叩いていた。照れた息子の顔は、家にいる時の棘のある表情とは違い穏やかであった。

槍ヶ岳に行こう

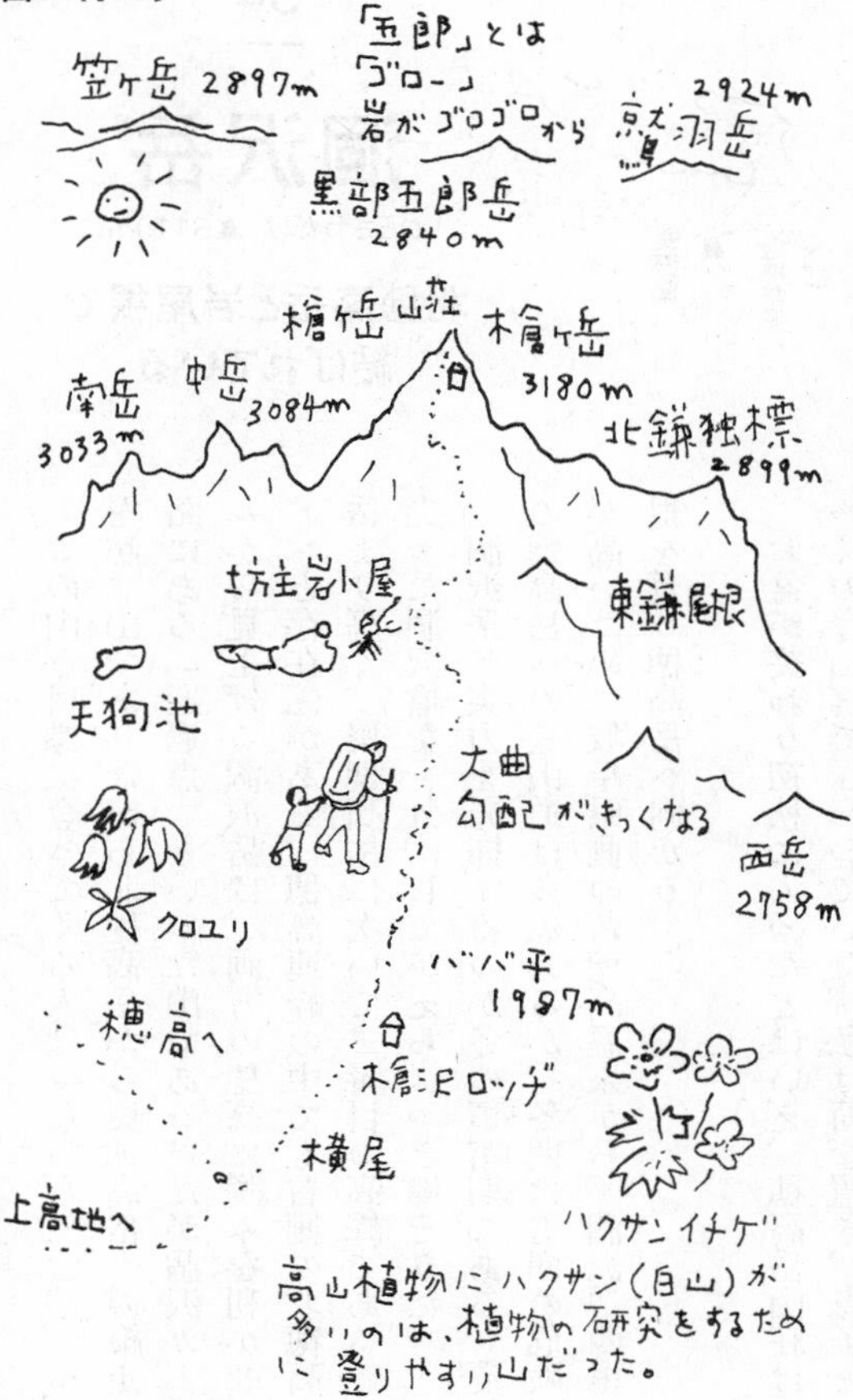
笠ヶ岳 2897m
「五郎」とは
「ゴロー」
岩がゴロゴロから
2924m
鷲羽岳
黒部五郎岳
2840m
槍岳山荘
槍ヶ岳
3180m
南岳
3033m
中岳
3084m
北鎌独標
2899m
坊主岩小屋
東鎌尾根
天狗池
大曲
勾配がきつくなる
西岳
2758m
クロユリ
ババ平
1987m
穂高へ
槍沢ロッヂ
横尾
上高地へ
ハクサンイチゲ
高山植物にハクサン(白山)が
多いのは、植物の研究をするため
に登りやすい山だった。

34

涸沢岳

からさわだけ ▲3110m

北穂高岳と岩尾根で結ばれている

献杯

この山を目標に登ってくる人は少ない。三〇〇〇mを超す山でありながら北穂高岳から奥穂高岳への縦走路にある「通過点」といった山である。だが涸沢カールから見上げる涸沢岳は、両方の穂高に睨みを利かせ、ドンと存在感がある。穂高連峰の中でも右側の北穂高岳より高く、奥穂高岳に次いで二番目の高峰である。尖った涸沢槍を子分にしたがえちょっと偉そうだ。

涸沢岳が実力を発揮するのが冬の積雪期である。夏の穂高岳への登山道は多数あるが、冬期は雪崩の危険が高いために岐阜県側の新穂高温泉から、涸沢岳西尾根を登り穂高岳へ向かう。

お盆が終わり初秋に入ったとはいえ、穂高岳山荘は多くの登山客で賑わっていた。私は荷を置き、息子と二人手ぶらで涸沢岳に向かった。整備の行き届いた道

をジグザグに登って、ひと汗かくと山頂である。行き交う登山者の人影もなく静かな午後の陽が差している。涸沢カール側とは逆の痩せ尾根の岐阜側を二人で見つめていた。

「お父さんどこに置こうか」

息子は肩から下げた小さなバッグから日本酒の青い一合瓶を取り出した。

「チビ谷のほうに捧げよう」。頂上から少し下がった蒲田《かまた》富士がよく見える斜面に下りた。献杯のための酒瓶をそっと、石の上に置いて両手を合わせた。

正月に消息を絶つ

正月に穂高岳から下る途中で消息を絶った友人は、空から何度も捜索されたにもかかわらず、一向に足取りがつかめなかった。仕事が山岳写真や自然を対象にしたカメラマンなので、もしかしたら槍ヶ岳方面へ足

を運んだのではとも推測された。山のカメラマンはほとんどが単独で行動し、アングルを求めて冬とはいえかなり危険な場所にも三脚を立てる。

彼の山歴を見れば、その実力は日本トップクラスと言っても過言ではない。とりわけ深い谷や難度の高い岩場と、その回数は桁外れの多さである。三〇代の後半、私が会社勤めを辞め、フリーランサーになってからの一〇年は、年がら年中彼と一緒に山に行っていた。難しい岩場の登攀はすべて、と言っていいほど彼とロープを結んだ。抜群の体力と岩場の技術に絶大な信頼を持っていた。家が近いせいか、多い時は月に二、三度地元の居酒屋でも顔を合わせ、山の話ばかりしていた。私よりちょうど一〇歳若かった。

彼の遭難が確実になったのは、チビ谷から蒲田川右俣谷までの二度にわたる大捜索であった。決定的だったのは、川の中にあった彼の愛用していたカメラである。先にザックの切れ端などが河原から見つかったが確信はなかった。雪解けの激流に翻弄されて、カメラはいびつに変形していたが、機種から彼の物と判断できた。

山の事故が起きる時

　そのカメラを発見したのが私の息子であった。息子も何回か彼と山で会っていたので、五月の連休を使い捜索に参加していた。二〇名ほどで横一列になり、手掛かりを一つでも、と、川の中に必死に目を凝らしていた。その時金属の光るものがあり、それが彼のカメラだったのだ。

　高価なカメラを扱うカメラマンはカメラに保険をかけていることが多く、カメラの製造番号を控えているものだ。捜査隊の人がハッキリと、「間違いありません」と言った。

　冬の穂高岳へのルートとしては涸沢岳西尾根をほとんどのエキスパートが利用する。年末年始ならばよく踏まれ、トレースもあるはずだ。それは彼も熟知していたにもかかわらず、下りでトレースを外し滑落でもしたのだろうか。山の事故の多くは岩稜帯が終わり、ふっと気が緩んだ時に起きる。

足元に白い小石があったので、追悼の記念としてポケットに入れた。息子はこのところ休日になると山に出かけているが、ほとんどが岩登りである。山の先輩たちに囲まれ、一つひとつの技術を確実に習得しているようだ。仕事でトビ職をしているだけに体力があるのは頼もしい。年輩者の荷やテントをいつも持たされているようだが、山ではそれが一番力がつく。

しばらくチビ谷を見つめ、小さなカメラを息子に渡し、涸沢岳を背景に追悼の写真を撮ってもらった。

35

奥穂高岳

おくほたかだけ　▲3190m

北アルプスの最高峰。日本アルピニズムの発祥地

山のすべての魅力が積もり重なる峰

穂高岳への登山の表玄関が上高地である。穂高連峰を仰ぐ河童《かっぱ》橋からの風景は一生心に刻み込まれるだろう。コナラやシラビソ、カラマツなどの大木がうっそうと茂る森。沢沿いの豊富な残雪、岩峰が並び立つ登山道と、上高地から見上げる穂高岳の峰々には山のすべての魅力が上へ上へと積もり重なっている。

穂高岳とは北穂高岳三一〇六m、奥穂高岳三一九〇m、涸沢岳三一一〇m、前穂高岳三〇九〇m、明神《みょうじん》岳二九三一mなどの岩峰群を指す。「穂高」と言うと一般的に北アルプスの最高峰、日本第三位の標高の奥穂高を呼ぶ。穂高の名については江戸時代に上高地を訪れた人物の記録に、「秀高嶽」という記述があり、それが穂高に転じたと言われる。

上高地から横尾、そして涸沢への山道も、登山者の気持ちをがっちり摑む。進むにつれて日本を代表する

氷河圏谷・涸沢カールが広がってくる。初夏にはスキーヤーの姿も見受けられる。ここから首が痛くなるほど見上げる穂高の秀峰群の岩肌に恐れを抱く。涸沢は三方を三〇〇〇ｍを超える峰々に囲まれ、登山基地という言葉がぴったりなテントサイトである。

穂高病

ここに立つと、多くの若者が山に青春を賭けた気持ちが分かる。登山を始めいよいよ穂高に入る頃から、「あいつどうしたんだ」と他人が思うくらい、山に熱中する。毎週のように山に向かい四季折々の穂高に通う。自分では覚めているつもりだが、深い穂高病に罹っていることに本人は気が付いていない。

穂高に登った者は、しばらく夢遊病のように、他人との会話が不自然になる。頭の中は山のことしかないので、都会のビル壁や石垣を見ても、「あそこに手を

夢は穂高へ

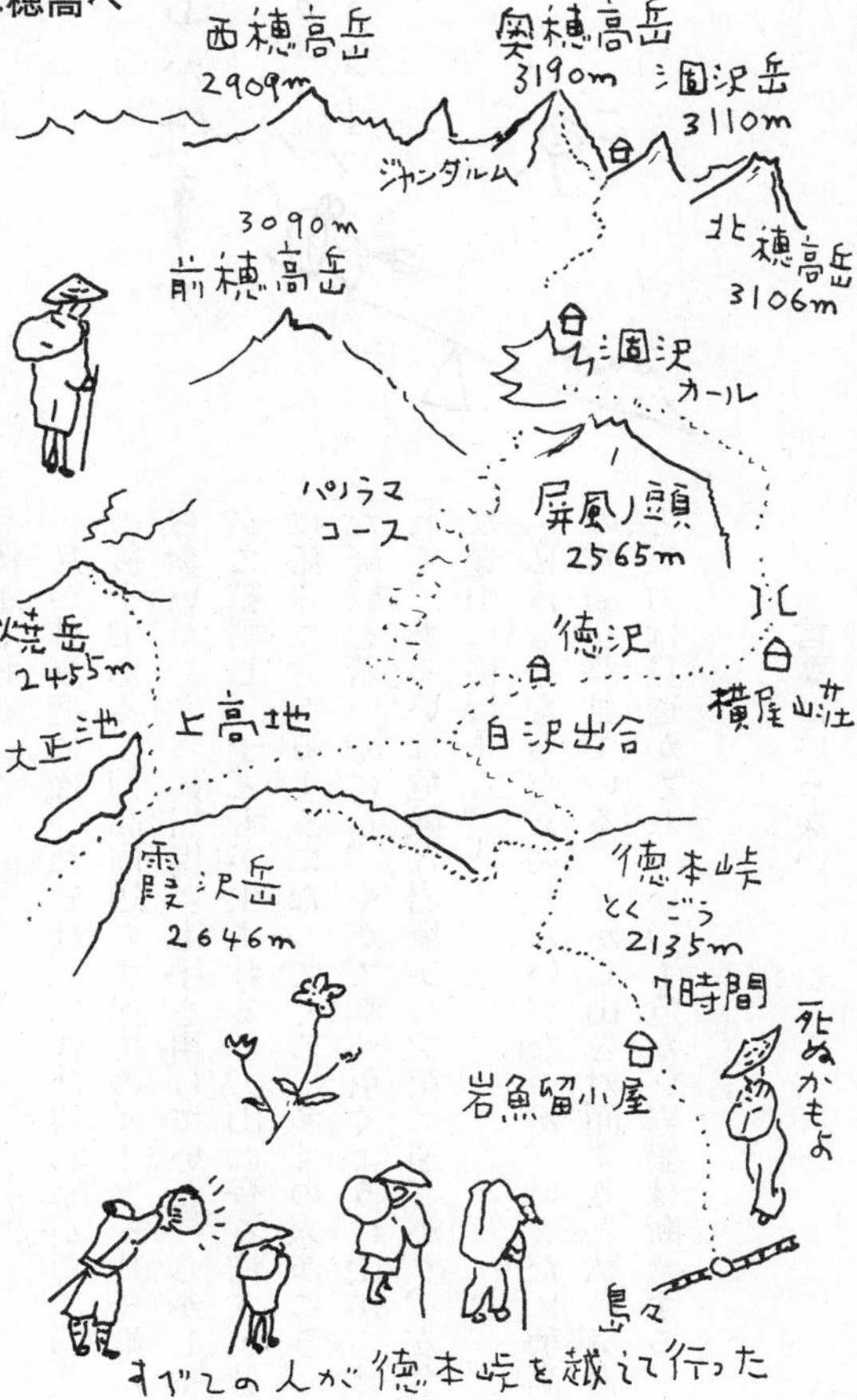
西穂高岳
2909m
奥穂高岳
3190m
涸沢岳
3110m
ジャンダルム
北穂高岳
3106m
3090m
前穂高岳
涸沢
カール
パノラマ
コース
屏風ノ頭
2565m
北
徳沢
横尾山荘
焼岳
2455m
上高地
大正池
白沢出合
霞沢岳
2646m
徳本峠
とくごう
2135m
7時間
岩魚留小屋
死ぬかもよ
島々
すべての人が徳本峠を越えて行った

かけて、足を左に伸ばして」と心はロッククライミング状態である。

私が穂高病に罹ったのは一〇代の終わりから二〇代の後半である。穂高周辺のすべてのルートを片っ端から歩いた。さらに岩場にも手を掛けていた。しかしやがて結婚し、子どもが生まれると、山に登る怖さが身に沁みて分かるようになってくる。多くの人がこうした経験を若い時にし、やがて潮が引くように山から離れる。あるいは危険な岩場から次第に遠ざかり、安全な登山に移行する。

私はもともと煮え切らない男なのか、いまだに穂高の岩場を夢見ている。しかし山と対面すると私の気力と実力は見透かされ、いつも危ない岩場は断念する。

山か仕事か

言葉はいらない

私の二〇代の一時は山に憑かれしばしば会社を休み、

やがてクビになるパターンの山男と似ていた。うつ向き加減に穂高に行き、涸沢で悶々としている。ここに長くいると社会復帰ができなくなる。

涸沢から登山者の姿が次第に消えゆく晩夏の頃は寂しい。だが気持ちが吹っ切れる。テントの外に出ると、大きな月が煌々と輝いている。もう秋の気配が山から次第に下りてくるのを肌で感じる。微妙な季節の移り変わりをこれほど感じるのは山の中だけだ。

「会社を辞めようかな」。だんだん心細くなっていく。自由に生きるもう一つの選択も、黒々とした夜の岩稜を見ながら探しあぐねている。

朝になると思いつめたように、涸沢カールから奥穂高岳へ、ザイテングラートといわれる支稜を登る。途中に落石の多い場所があるので素早く行動し、二時間半で穂高岳山荘に着く。ひと休みしたら垂直の壁に鉄梯子がかかった岩を登っていく。岩を落とさないように慎重に足を運ぶこと四〇分ほどで頂上に立つ。

涸沢岳と北穂高が大きく盛り上がり、大キレットの奥に槍ヶ岳、その背後に立山、後立山連峰の峰々も覗いている。反対側には岩塔・ジャンダルムの荒々しい岩稜が西穂高岳まで続いている。すっぽりと切れ落ちた足元を見ると、上高地の川や尾根が点々と見える。

北アルプスの最高峰からの眺望には溜息ばかりが出る。頂上には言葉はいらない。ただ黙ったまま見つめているのが正解である。

頂上に立つと精気が全身を覆い、勇気が湧いてくる。涸沢カールでは仕事を辞めようかと悶々としていたのに、山頂にある祠に両手を合わせると、「もう一度社会復帰します。がんばります」としおらしくなっていた。

36

屏風ノ頭

びょうぶのあたま ▲2565m

穂高の入口にある大岩壁

ロッククライマーの聖地

上高地から涸沢、そして穂高岳に向かう登山者が足を止め見上げるのが、まさしく屏風のように立ちはだかっている、青白い花崗岩の大岩壁の屏風岩である。高さ六〇〇m、幅一五〇〇mの垂直の壁は、手掛かりが乏しく、長いこと難攻不落を誇ってきた。

一九三一年（昭和六年）に名クライマーであった小《お》川《がわ》登《と》喜《き》男《お》によって初めてこじ開けられた。

現在ではおびただしいルートが開拓されてきたが、今でも屏風岩を登るには卓越した登攀技術と体力がものをいう。日本最大の岩場である屏風岩はロッククライマーの憧れの岩場であり、聖地とも言えよう。

登攀が終わりヘルメットをとりロープをまとめ大きく息を吐き休憩できるのが、この屏風ノ頭である。ピークからの展望は槍、穂高連峰の展望台としてすばらしい。視界を遮るものはなにもない。ここから涸沢カ

ールや紅葉、さらに新雪の穂高岳を写した傑作山岳写真が多い。

屏風ノ頭を通る道はパノラマコースと呼ばれ、涸沢から徳沢《とくさわ》への下山路として使用されている。ただし道が悪く、慶應尾根を越えて奥又白谷《おくまたじろだに》に入ったあたりで道が不明瞭になる。一般的なコースではないので、山に慣れていない者にはつらいところだ。

映画のワンシーン

私が三人の仲間と屏風岩を登ったのは七月の中旬であった。それまで小さな岩場はいくつかこなしてきたが、屏風岩のようなスケールの大きな岩場は初めてであった。岩場で仲間を確保している時、すさまじい高度感に、足が震える思いがした。岩にしがみつくように登り、五時間ほどして屏風ノ頭にやっとのことで登頂した時、喜びより体中の力が抜けてしまいふらふら

していた。その時に飲んだ水と、体中に甘さが広がる最《も》中《なか》のおいしかったことは忘れられない。

その後、安堵の気持ちで徳沢へのパノラマコースを下っていったのだが、あたりを覆う高山植物に呆然と立ちすくんだ。橙黄色のシナノキンバイの群生、真っ黄のニッコウキスゲ。この花は朝に開いて夕方にしぼむ一日花だが、次から次へと咲き急いでいるようだ。さらにハクサンイチゲ。それまで北アルプスの山は歩いてきたが、これほど見事に固まって咲いているのを見たことがない。それは幻想的な映画のワンシーンのようであった。

残雪のパノラマコース

パノラマコースは一般の登山コースと違い、残雪が多く残っている時は危険極まりない。とりわけ斜面の通過は慎重に歩かないと怖い。その年は残雪が多かっ

たためか、私たちが初めて歩く登山者のようだった。
大休止をしながら白いハクサンイチゲをじっと見つめていると、難しい岩場を無事終えただけに感激もひとしおである。こんな花の多いコースはパノラマではなく、「パラダイスコース」と呼んでもおかしくないかもしれない。ハクサンイチゲの群落はあたりに真っ白な雪を降らせたようだ。
このイチゲは日本で最初に加賀《かが》の白山《はくさん》で見つかったから「ハクサンイチゲ」と呼ばれるようになった、と後に山の花の本で知った。
下山した徳沢の広場でもう一度、登攀用具を整理していたら、ザックの中に小さな石がいつの間にか入っていた。屏風岩を登った記念にとっておくことにした。そして嘉門次《かもんじ》小屋で岩魚の塩焼きを手に、登頂のお祝いを三人でしたのだが、大酒飲みの我々はそれからなんと三時間も飲み続け、囲炉裏のそばでたわいもない山の話題に転げまわっていた。

その時の仲間の一人はやがて、冬の穂高にて遭難して亡くなってしまい、もう一人は遠いブラジルに渡って帰ってこない。さらに私たちがあの時登った第一ルンゼのルートは、その後大崩壊を起こし登攀者も惨事に巻き込まれてしまった。上部の脆い岩場が崩れ大惨事の元となったのだ。そのため、このルートにその後近づく者はない。あれから早いもので三〇年が過ぎ去ろうとしている。あのニッコウキスゲやハクサンイチゲは今でも可憐に咲いているだろうか。

37

西穂高岳

にしほたかだけ ▲2909m

そそり立つ岩稜帯

連峰随一の難コース

穂高連峰の南西に位置するのが西穂高岳である。奥穂高岳から西穂高岳へは鋭い岩尾根で結ばれ、一般の登山者が容易に取り付く縦走路とは異なる。

両側は終始切れ落ちた穂高連峰随一の難コースである。岩登りの基本的なトレーニングを積んでいない者は入ることができない。全コースを通じて厳しい登下降が続き、行動時間は一〇時間を超える。さらに避難場所となる山小屋や水場、キャンプ地もない。力と経験の揃った上級者向きコースといえよう。

私が西穂高岳に向かったのは、会社のことで悶々としていた二〇代の夏の終わりであった。山の友人が故郷の群馬に帰るというので、彼と二人の送別会山行であった。一日目は涸沢にてテントを張り、まだ暗いうちからゴジラの背中のような前穂高北尾根にロープを使い、奥穂高岳の頂上に立ち、穂高岳山荘の横のテン

ト場で寝た。この時の二人の合言葉は「甘露」であった。水筒の水を飲む時に「ああ甘露」と天を見上げるポーズを取るのだった。

岩稜帯尾根は敏速に

二五、六歳のこの頃は一番体力があったのかもしれない。テントに登攀用具に夜の宴会用の酒と食料にと、大型のザックに詰められるだけ押し込んできた。

彼とはそれまでの一年間毎月のように近隣の岩場に通いトレーニングをして、山への想いを語り合ってきた。二人とも山の道具にはためらわずお金をかけた。軽量で温かい羽毛のシュラフやヨーロッパから輸入されたピッケルが入れば飛びつき、その使い心地の良さに「ああ甘露」と山で笑っていた。

奥穂高のテント場を午前三時に出発した。先行パーティーがいると、難所で進路の邪魔になるからだ。朝

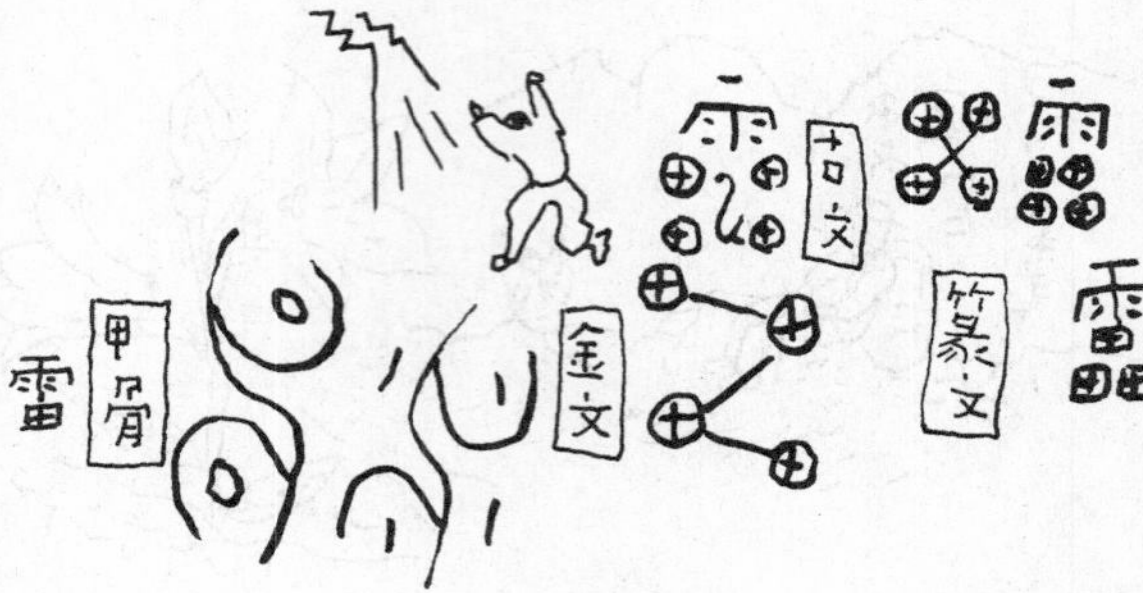

食をとらずヘッドランプを点け、昨日も踏んだ奥穂高の頂上目指して登り直す。真っ暗な岩場を鎖を摑んで進み、山頂に着くといくらか明るくなってきた。休むことなく、そのままジャンダルムに向かう。

こういう険しいナイフリッジの稜線が続いている岩場で一番気になるのは、先行者の落石である。あるいは初心者だけのチームが岩にしがみつき、通せんぼをすることだ。忘れてならないのは、夏の午後は極地的な低気圧の影響で雷雲が発生することが多い。逃げ場のない岩稜帯の尾根は可能な限り敏速に行動すべきで、スピード＝安全が決まりである。

ロバの耳、ジャンダルム、コブの頭と馬の背のようなナイフリッジをまたいで通る。ひと息つき、友人にカメラを向けると嬉しそうに手を振り笑っている。彼の足元はとてつもない高度感で、カメラを構えているほうがゾクゾクするが、朝日に染まった岩壁の美しさに突き動かされてシャッターを押す。

危険な場所には鎖や針金、さらに岩にペンキ印がある。注意して歩けば迷うことはない。二人とも荷はかなりあるが快調な滑り出しで、休むことはなく進んでいく。こういう砕石がびっしり詰まった稜線は、転落や落石の危険がないところでしか休憩ができない。

軍手より手袋

天狗《てんぐ》岳《だけ》の頂にてやっと息を整える。昨夜握っておいた味噌入りのおにぎり二個を頬張る。さらにミカン入りのゼリー。山で食べるものはまさにどれもこれも身に沁みる。さらに「ああ甘露」である。

薄い手袋をザックの天蓋から取り出す。三〇〇〇m級の山では夏とはいえ手袋が役立つ。とりわけ、まだ陽のあたらない冷たい岩を摑む時に助かる。軍手は濡れた時に感触が鈍るので避けたい。

天狗岳の下りは急で手がかりの少ない逆層のスラブが続き、補助に付けられた鎖が頼りだ。まだまだ左右とも切れ落ちて油断ができない。やさしい場所に来たからといってバランスを崩せば転落の危険が高い。無駄口も禁止である。間《あい》ノ岳《だけ》の下りも岩塊が重なり、集中して気を配る。何度も悪場が出現するが、ハイマツ帯の稜線を進み、小さなピークを越せばもうすぐに西穂高岳の頂上である。

やっと着いた。スピードを上げたので予定の半分の時間で来た。すっかり日焼けした彼と、がっちり握手をする。緊張していたからかまったく疲れを感じない。これから上高地へはゆっくり下って四時間である。

「天気も甘露でしたね」と私が言うと「本当に良い山登りができました」とまぶしそうに逆層スラブが見える天狗岳を見つめていた。彼は九月には故郷に帰り、ほどなく夢だったヒマラヤトレッキングに長期で出かけると言う。私は急に空腹感をおぼえ、行動食のヨウカンとクッキーを口にした。

「ヒマラヤなんて羨ましいな」と言うと、「ネパールに着いたらかならず手紙を出すからね」と嬉しそうだ。足元に青いイワギキョウが風に揺れていた。

山のコラム 6

山のいで湯

日本は山の麓には至るところにいで湯があり、帰りにひと汗流せる。温泉だけ妙に記憶に残っている山もある。トムラウシ温泉、南八甲田の中腹に湧く蔦《つた》温泉、飯豊温泉、野地温泉と数えだすとキリがない。冬山や山スキー帰りの温泉も忘れられない。山奥のとうとうと流れる温泉雪景色。山のいで湯には自分の足でかせがなくては、湯につかることのできない場所も多い。

まさに秘境の温泉が北アルプス黒部川の奥鐘山西壁の下にある。ここはロッククライマーしか訪れない。辿り着くには川を遡行しなければならない。正面壁に比較的やさしい入門ルートがあり、秋の平日に二人で訪れた。大きな自然の岩小屋がわれわれの寝床である。川の石をどかすとかすかに湯けむりがあがっている。一生懸命に掘っていくと、腹這いになれる温泉ができあがった。下からの湯と川の水を混ぜ合わせタオルを頭にご満悦。さらに川に釣り糸を垂らすと岩魚が食いついてきた。ここは極楽浄土か。

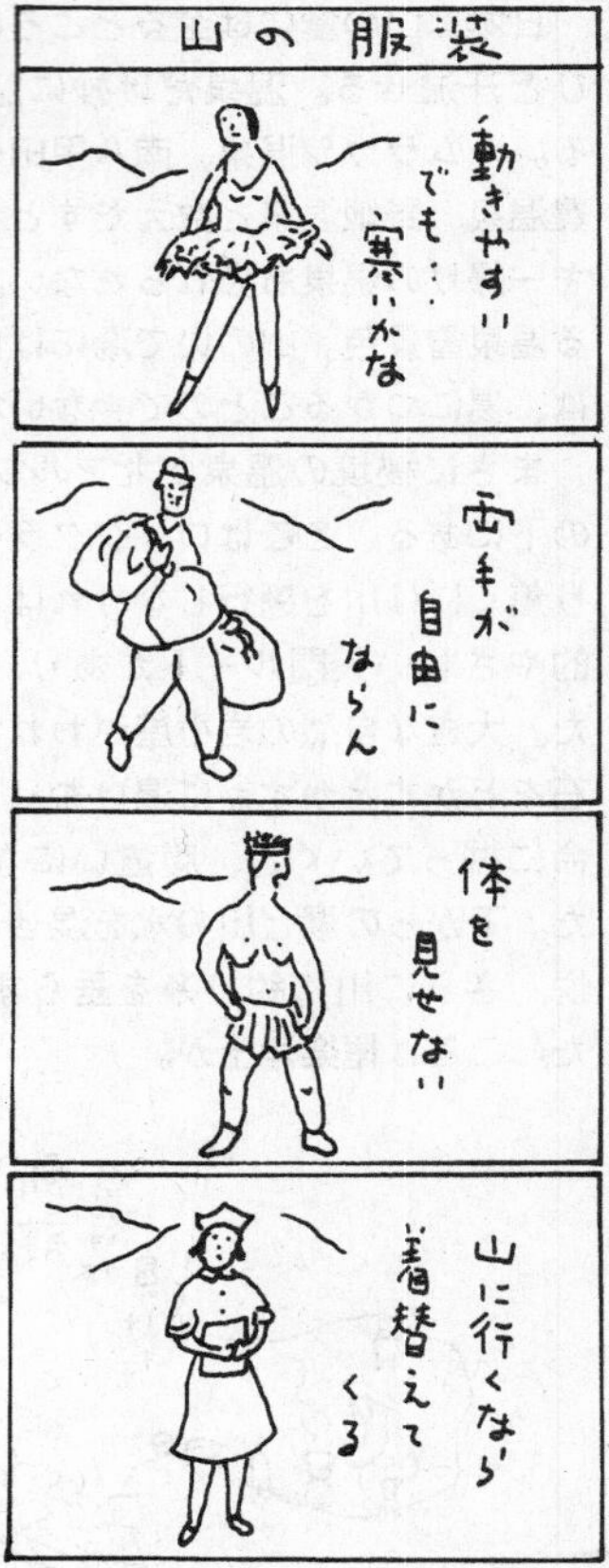
山の服装
動きやすい
でも…寒いかな
両手が自由にならん
体を見せない
山に行くなら
着替えてくる

7章

短い夏の山

一人や仲間とひっそりと
テントを張って登った静寂の山は、
いつまでも思い出に残る。
山は高さより静けさを求めて入る。

38

赤岳

あかだけ ▲2899m

多くの峰が連なる花咲く稜線

島木赤彦が詠む

一〇代の時に高峰と言える山に初めて登ったのが、八ヶ岳連峰の主峰赤岳である。八ヶ岳は本州のほぼ中央に位置し、長野県と山梨県にまたがっている。赤岳を中心に阿弥陀岳《あみだだけ》、横岳《よこだけ》、権現岳《ごんげんだけ》、硫黄岳《いおうだけ》、天狗岳などの三〇〇〇m近い峰々が続く。この山塊全体を八ヶ岳と呼んでいる。どの山が八ヶ岳の八つを指すかについては諸説がある。多くの峰が重なっているというのが有力。赤岳という山名は酸化鉄による赤い岩肌からきたものである。夏の早朝など山全体が赤く染まり神々しく輝く。

岩崩《く》えの赤岳山に今ぞ照る
ひかりは粗し眼に沁みにけり

赤岳の登山基地、赤岳鉱泉を晩秋に訪れた島木《しまき》赤彦《あかひこ》

はこのように詠んだ。
　赤岳は裾野も広く植物群も多種にわたっている。富《ふ》士《じ》見《み》高原の別荘地周辺にはシラカバやカラマツが多く、レンゲツツジやスズランの花が咲き、高くなるにつれてシラビソやコメツガといった針葉樹が多くなる。ダケカンバの森林地帯を越えると、コマクサ、チシマギキョウなどの高山植物が咲き誇る。

家族と犬と

美《み》濃《の》戸《と》口《ぐち》の民宿に家族で、さらに犬も車に乗せて、夏に三泊ほどしたことがある。高校生だった娘が夏休みの宿題で木工製作に取り組んでいた。ノミやナイフ、彫刻刀を手に動物らしき形をしたネコの置物みたいなものを作っていた。二日間ほどかけて熱心に紙ヤスリで仕上げた作品は本物のネコの毛のようにツヤツヤしていた。完成のお祝いに山へ向かうことにしたのだ。

三人と犬を連れて赤岳鉱泉から行者小屋《ぎょうじゃごや》と山の麓をぐるりと廻ることにした。山に犬を連れていくことは自然環境を壊すという意見も多いが、これだけ人の多い登山路なら許してもらえそうだ。

顔馴染みの赤岳山荘のおかみさんが「久し振りだね。まあお茶でも飲んでいきなさい」と名物の野沢菜を出してくれた。息子が小学生の時に一度赤岳に登ったことがあるので「坊やも大きくなったね」と声をかけられていた。

柳川北沢に道が続いている。二時間も歩けばもうすぐに赤岳鉱泉が見えてくるはずだ。森の中にトリカブトの青い色が目に入った。そっと覗いてみると、風がふっと通り木の擦れ合う音が、鳥のさえずりのように聞こえる。目を凝らしてみると、奥にもトリカブトが咲いている。

ロマンがあるのは青い花

私は息子にトリカブトの猛毒について話した。花の形が舞楽で使用する被り物の鳥兜に似ていることからその名が付いた。とりわけ根に猛毒があり、アイヌの人はこの根を矢に塗り付け動物を捕った。また若芽が食用になるニリンソウとそっくりなので、天ぷらなどにして食べて亡くなる事故が毎年起きる。娘と息子は息を潜めるようにじっと青い花を見つめ、しきりに頷いていた。高山植物の中でロマンを感じる花はリンドウやイワギキョウ、トリカブトなど青系の花である。楚々とした風情があり、咲いたと思うともう山には初秋の風が吹く。短い夏のはかなさを思い知る。

いくつかの木製の橋を渡り、樹林を抜けると、赤い屋根の赤岳鉱泉が見えてきた。小屋の主人と懇意にしていたので煎餅のお土産を渡す。

帰り道は中山峠《なかやまとうげ》を越えて南沢を下るのだが、どうも犬の元気がなくなり、歩かなくなってしまった。老犬と呼ばれる歳なので心臓に負担がかかっているのだ。息子が背中に負い、前足を肩に乗せて下りることにした。背中に乗った犬は目をつぶり安心したように寝ている。妻は犬が心配なのか時々立ち止まって見ている。シラビソの森の中を川沿いに、下りはあっという間に赤岳山荘に戻ってきた。

「こういう山歩きが一番いいわね」と親子で心配なく歩けた山道に妻は喜んでいた。

山の
コラム
7

山のおやつ

初冬の大菩薩嶺に登った。バスを下りた丸川《まるかわ》峠入口で、赤いちゃんちゃんこ姿の中学生らしき少年が、ダンボール箱の上に干し柿と大福餅を並べて売っていた。

久し振りの干し柿に思わず手が伸び、大福とともに包んでもらった。一緒に来た友人も「じゃあオレも」と言って買った。その時の坊主頭の少年のなんとも嬉しそうな表情が良かった。きっと家の手伝いをして働いているのだろう。しばらく歩き振り返ると少年は気付いて手を上げてくれた。

丸川峠まではブナ林の山道が続き、すっかり葉を落とした樹林帯が美しい。峠からは真っ白に雪を被った富士山や南アルプスが青い空に光っている。そしておやつの干し柿を食べたが、そのおいしさに驚いた。「和みの極致の味ですね」と友人は言った。私は「日本文化そのもの」ともっともらしい言葉を返した。大福は小屋のストーブで温めて食べようと思った。山のおやつはこの二つに尽きる。簡素でいて贅沢三昧な味。

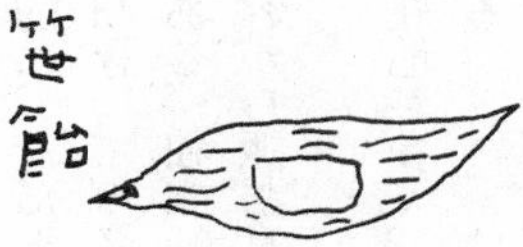

39

蓼科山

たてしなやま　▲2530m

八ヶ岳連峰の もっとも北にある名山

歌人の山

南の険しい八ヶ岳の山容とは対照的に、なだらかな女性的な姿が北の蓼科山である。信州きっての名山の一つで、優しい円錐型の二重火山である。独立峰としてすっきりと立ち、均整のとれた山容から諏訪《すわ》富士とも呼ばれている。

裾野の高原には昔から保養地や別荘地が多く、歌人によってたくさんの歌が詠まれている。

信濃には八十《やそ》の高山ありといへど
　女《め》の神山《かみやま》の蓼科われは

さびしさの極みに堪へて天地《あめつち》に寄する
　命をつくづくと思ふ

伊《い》藤《とう》左《さ》千《ち》夫《お》はこれらを詠んだ四年後に東京にて亡く

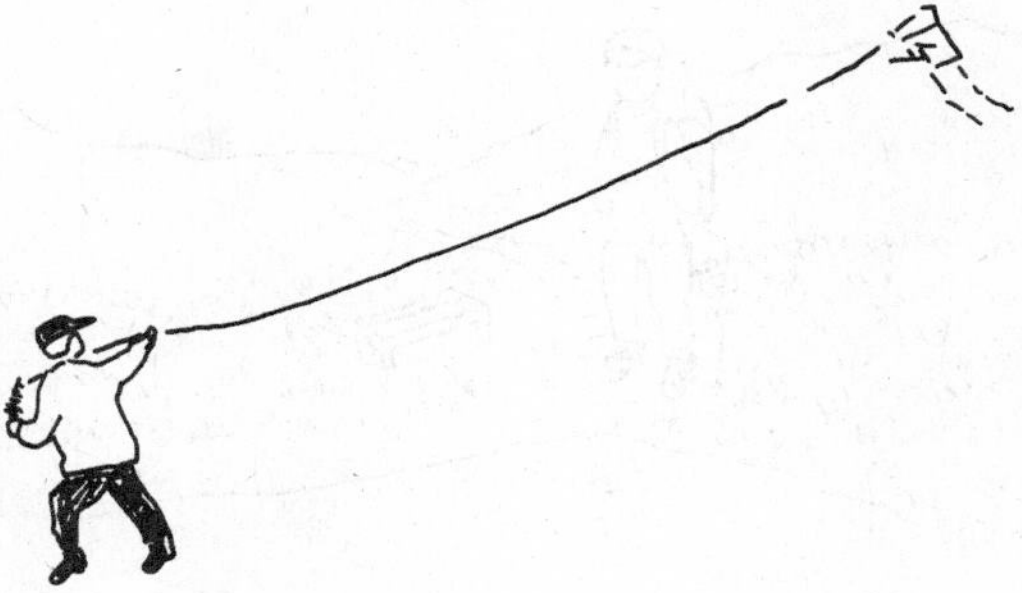

なるが、蓼科高原の美しさを絶えず慕っていたのだろう。

蓼科山に登るには蓼科牧場を経て頂上に立つのが最も一般的な登山道である。二時間三〇分ほどで山頂に立てるために、最近では中学生などの集団登山が急激に増えている。ただし独立峰のために雷が多く、夏の午後は注意するに越したことはない。

大人な先輩

私が蓼科山に向かったのははるか五五年前の高校一年生の時、美術部の合宿であった。お盆が終わった頃の蓼科高原は閑散として寂しい限りであった。林の間からヒグラシの鳴き声が重なり合って聞こえ、少年の心を締めつけた。

三泊四日の合宿であったが、ほとんど絵を描かず、白樺《しらかば》湖でボートに乗ったり、二人用の自転車で一日中

遊んでいた。最後の日に、一年上の山好きの先輩に誘われ、蓼科山を登ることにした。

車道から蓼科山七合目の鳥居をくぐるといよいよ登山道に入る。馬返しまではシラカバやカラマツの間をのんびりと登り、小石を敷き詰めた山道が続く。振り返るとすでに女神《めがみ》湖が小さく宝石のように光っている。「早朝出れば、昼飯前に充分戻れる」と先輩に言われ、ザックの中は雨具に水筒、キャラメル、スケッチ帖だけであった。

ひと息ついたりする間、歳の差はたった一年なのに、先輩はいろいろ気を遣ってくれ、大人の対応に驚いた。さらに美術、音楽、山岳などの知識の深さに感心してしまう。

蓼科山荘の建つ広々とした将軍平《しょうぐんだいら》に着き、ゆっくり休憩することにした。あたりにはダケカンバの巨木が多く、ハイマツ、ミネザクラなどが茂っている。屈託のない笑みを浮かべている先輩の大らかな人柄に惹か

れるものがあった。

私は牡蠣の殻

自分は合宿に来てまでも堅い牡蠣の殻のように心に鎖をしていた。美術についても自分なりの意見は持っていたが、大勢の人の前になると、何も言えず口籠って下を向いてごまかしていた。

大きな岩の上を一直線に急登が続いていく。森林限界を抜けるとあたりには不意に岩や鉱物の匂いがしてきた。左から廻り込むように登ると蓼科山頂ヒュッテの前に出る。

山頂は広大な火口跡で中央に蓼科神社奥宮と鳥居が建っている。山頂部の景観は真っ黒な岩が重なって、その荒涼とした風景に思わず立ち尽くす。遠くから眺めた時のなだらかな蓼科山とは打って変わって荒々しい。

しかしながら完全な独立峰だけに展望はすばらしい。

雲一つない天候で、三六〇度の大パノラマが待ち受けていた。展望盤にあたりの山名がずらりと刻まれている。

北八ヶ岳の双子《ふたご》山《やま》、横岳、天狗岳から、八ヶ岳連峰の赤岳、阿弥陀岳と連なっている。さらに遠くに北アルプス、南アルプス、中央アルプスが一望できる。眼下には前日行った女神湖、白樺湖がキラキラ輝いている。

スケッチ帖を開きあたりの山を一筆書きで素早く描く。先輩は大運動場のトロイデ型の山頂を、体操をするように首や両手をぐるぐるさせて一周している。「山の良さはこの遮ることのない開放感」と戻ってきた。

夏も終わりに近いとはいえ、山頂にはまったく人影がない。すでに頂上には秋の気配がする。私は学業、美術、山登りについてなにか結びつけようと思ったが、その糸口がさっぱり見つからなかった。

40

焼岳

やけだけ ▲2455m

北アルプスの玄関口の活火山

山は生きている

北アルプスの中で焼岳は今も活動中の火山である。白い水蒸気を見ると「山は生きている」と認識を新たにする。上高地に向かうバスが釜《かま》トンネルを抜けて、まず目に飛び込んでくるのが焼岳である。溶岩の荒々しい赤茶けた山と、静寂な大正《たいしょう》池が劇的に広がる。その対比される風景に山に来た感激が押し寄せてくる。

上高地を散策すると、かならず焼岳は姿を見せている。一九一五年（大正四年）の大爆発で梓《あずさ》川が堰《せ》き止められて神秘的な大正池を造った。最近は一九六二年（昭和三七年）の噴火で泥流が発生し大正池を埋め尽くし、今度は幅広の川のように変えてしまった。

この噴火以来長いこと入山が規制されていたが、現在はいくらか緩和され、頂上付近までなら近づける。だが有毒ガスの噴出や噴火活動の状況によってはすぐさま立ち入り禁止となる。ただし最高峰の南峰は常に

登山が禁じられ、北峰（二四四四m）を登山の終了点としている。
夏山シーズンに入っても焼岳は槍ヶ岳や穂高岳のような賑わいはなく、少しすねたようにひっそりと静まり、じっと身を潜めるごとく白い息を吐いている。上高地帝国ホテルの対面、田代《たしろ》橋近くの登山路が一番整備されて楽である。

頂上に消える思考

私がこれまで噴煙を上げている山に登ったのは大雪山、浅間山、頂上には立てなかったが阿蘇山《あそさん》、桜島《さくらじま》、さらにハワイ島のマウナ・ロアなどである。目の前でマグマが動いているのを見ると、胸騒ぎがして体が自然に前のめりになる。

焼岳もしばらく噴火せず大人しくしているようだが、いつ何時爆発し暴れだすのか分からない恐怖心がある。

だが登山者は誰もが「自分だけは大丈夫。まさか今日は噴火はありえない」と高を括り登っている。

林道からササ藪の歩きやすい登山路を登って行くと、胸がつかえるような傾斜の急登が現れ、鉄梯子やロープが付いた不安定な崖道を登っていく。矢印に導かれるように息を切らしながら進むと、新中尾《しんなかお》峠に出る。ひっそりした焼岳小屋を通過し、あたりは火山特有の赤茶けた荒々しい岩が重なり、さらに硫黄臭が鼻を突く。やがて荒涼とした北峰に着く。南峰は今も登山禁止になっており、至るところから白い噴煙が不気味に上がっている。

火口の底には青く輝く湖がある。それにしても山頂付近の展望はすばらしい。眼下には大正池や上高地が見え、一〇月の下旬で早くも雪を被った穂高の峰が連なり、その名の通り笠の形をした笠ヶ岳が際立って広がっている。

人は歩きながらなにかを思考している。山に向かいながらいつの間にか自分自身を見つめている。頂上に登ることによって、自分への問いかけは突風のように消える。苦労して頂上に到達した時、安らぎを実感し、その達成感に満足する。

噴煙の山には魔物が潜む

ただ登山の意義は、頂上に立って万歳を叫ぶことではかならずしもない。もし頂上に立たなければ完結できないのであれば、焼岳でも南峰の最高点へと登山者は向かうはずだ。さらに沢登り、岩登りの場合は岩壁を登り終わると、頂上には見向きもせずに、ロープに頼り、懸垂下降して、「満足な山だったな」と下山してしまう。

焼岳への初登攀ならば、噴煙を上げている南峰に立たなくては、その名誉を得られない。一般的な登山者は頂上が登山の目的ではないということを知っている。といって穂高や剣岳の頂上に立てない時は、悲哀感がいつまでもつきまとう。逆に高尾山の頂上に手をかけなくても不満はない。

山を歩きながら山について考えることが多い。仲間とテントの中で時にはろくでもない山論争になることもある。

私がこれまで山に向けた素朴な思いは、「頂上の征服」といった大袈裟なものではない。山の水で飯を炊き上げ、口にし、山の自然に目を向け、山で寝ることであった。頂上は目的ではなかった。ただ山の頂上には無限の憧憬と愛しさがあることも知っている。もし歩いてきた山の頂上に一度も立たず、その手前で下山するなら、それはかなり風変わりな登山者だ。

焼岳の地熱のためか地面全体が熱い気がする。硫黄のガスの臭いをかぎながら山登りについて思考していた。白い噴煙を上げる山には魔物が潜んでいるのはたしかである。

41

北岳

きただけ ▲3193m

アルペン的な山容と高山植物の宝庫

駅からすべてが始まった

富士山に次ぐ日本第二の高峰。赤石《あかいし》山脈の最北部に位置するので北岳と言われる。ひと昔前まで南アルプスの山に登山者は容易に踏み込めなかった。交通の便が良くなかったし、アプローチが長かった。

現在のように賑わうようになったのは、南アルプス林道が広河原《ひろがわら》まで延びたからである。

登山者を待っているのが、山頂付近の高山植物群の歓迎である。キタダケソウ、キンロバイ、キンポウゲ、ハクサンイチゲが疲れを吹き飛ばしてくれる。

一九五九年（昭和三四年）当時の山登りは、駅からすべてが始まった。山は夜行の鈍行で行くものと決まっていた。ホームの下の待合通路には夕方から、特大のザックに腰を下ろした山男が、あたりを威嚇するかのごとく睨みつけていた。

私は高校時代、友人の大森君と予備日を入れ三泊四

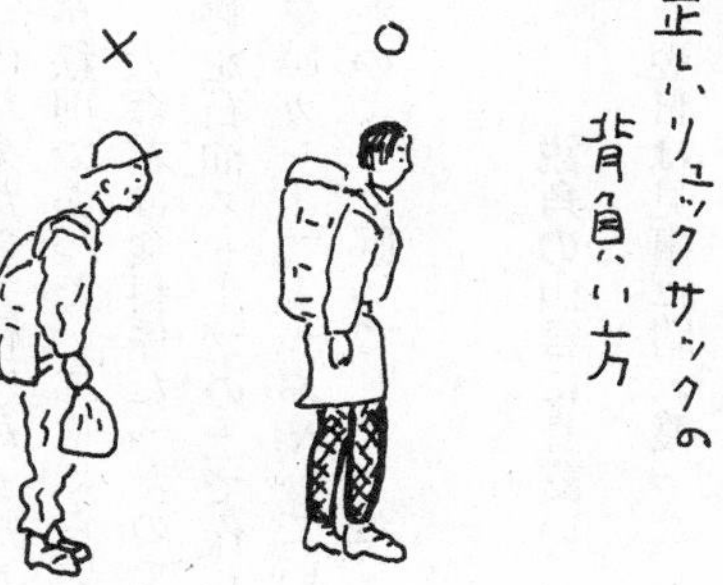

日の日程で北岳に向かった。二人とも初めてのテント山行であった。あれこれ心配し過ぎて荷が必要以上に重くなってしまった。

山では軽量が鉄則

千葉駅から新宿駅《しんじゅく》に辿り着いた時には、すでに疲労困憊《こんぱい》のありさまであった。こんなに大きな荷を担いで北岳高峰に登れるのか。早くも不安に包まれ、深夜二三時五五分長野行きの列車をじっと待っていた。

甲府から始発のバスにて夜叉神《やしゃじん》峠の長いトンネルを抜けると、野呂川《のろがわ》林道が雨のために崩壊していた。ここから池山《いけやま》小屋のテント場まで歩くとなると、丸一日はかかってしまう。しかし山歩きで愚痴は禁物である。

それにしても兄の大学から借りてきた冬でも使えるテントの重さにはうんざりさせられる。一方大森君はなにがそんなに必要なのか、食料袋をいくつもザックに入れこれもずっしり重そうだ。

朝から強い日差しが照りつけ、おまけに蜂やブヨに追いかけられ、テント場に着いた時はふらふらの放心状態であった。

テントを張り終わり、大森君がザックから取り出した食料の多さに驚いてしまった。ジャガイモ、ニンジン、キュウリに牛肉やサバの缶詰と半端じゃない。

「山に来たら力付けなくちゃね」と彼は言ったが、私の持論は「山ではすべて軽量」が鉄則であった。二日ぐらいならすべてインスタントラーメンでも文句は言わない。

大森君は食料係だったので、暗いランタンの下で野菜類を細く切り、牛肉入りの煮物を石油ストーブの上で作り始めた。いくらか冷めた目で見ていると、「明日の夜は豪華カレー」とつぶやいていた。夕食を終えると、まだ七時だというのに寝袋に入り泥のように眠ってしまった。

鋭角の山容に身震い

翌日は見事に晴れ渡った。尾根に出ると、大樺沢《おおかんばさわ》に切れ落ちる大岩壁、北岳バットレスが圧巻である。いつになったらあんな岩壁を登れるクライマーになれるのだろう。

三カ所の梯子を登ると、それまでひっそりと隠れていた頂上が、いきなり顔を出し

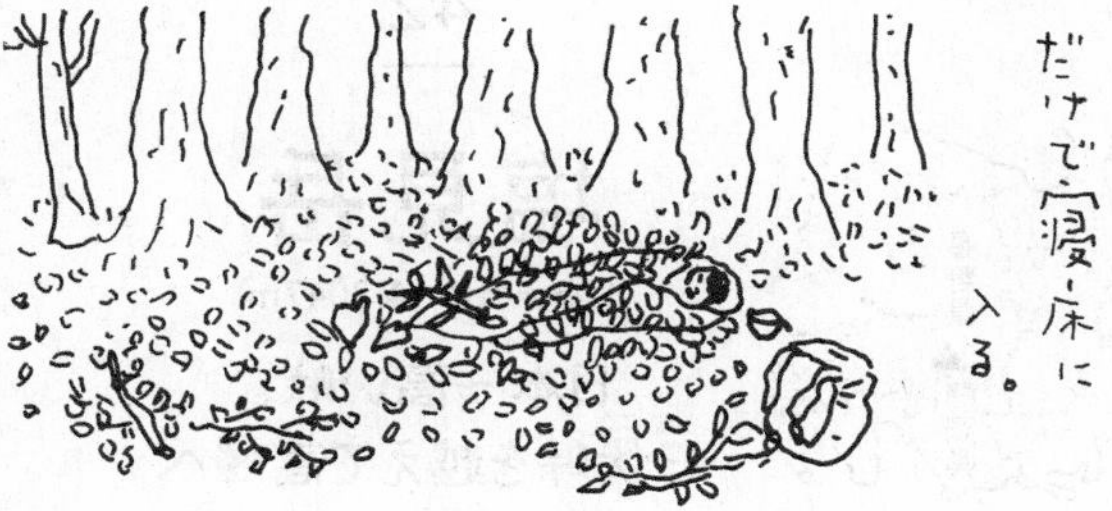

た。鋭角的にそびえる雄大な山容に思わず身震いした。「北岳はこうこなくちゃ」と胸の中でつぶやく。それにしても後ろを何度振り返っても、大森君の姿は見えない。もうすぐ頂上なので、ザックを下ろし待っていることにした。間ノ岳と農鳥岳《のうとりだけ》のどっしりとした大きな山容に感銘を受ける。

いくらか退屈してくると、汗だらけの大森君の顔がひょっこり見えた。「どうですか」「もうバテバテです」と着くなりザックも下ろさずにヨロヨロと座った。「少し荷を分けよう」と私は彼のザックから重そうな野菜袋と缶詰類を自分のザックに移した。

「今夜はくたびれたから頂上小屋に泊まらないか」と大森君は思いもよらないことを言った。私は「駄目だ。予定通りテントだ」と強い口調で言ったが、すぐに後悔した。私は自分の山行計画の甘さを反省したが、山登りは同じところに留まることはできない。ともかく頂上を落とさなくてはならない。

42

塩見岳

しおみだけ　▲3047m

日本一高い峠、三伏《さんぷく》峠を越えて高峰へ

行程が長い

　南アルプス中央部にそびえる三角形の雄峰が塩見岳である。周りに高い山がないために、独立した山に見える。頂上は東峰と西峰からなる双耳峰で、三角点がある西峰より東峰がわずかに高い。塩見岳という名は、山頂から海が見えたから、あるいは麓に塩の生産地があったからという説がある。麓には塩屋《しおや》、塩川《しおかわ》、鹿塩《かしお》と塩が付く地名が多い。

　標高三〇〇〇mを超える南アルプスの中でも、頂上に立つまでの行程が長いためにどうしても敬遠され後回しにされてしまう山である。

　一般の人が登れるようになったのは一九二九年（昭和四年）に建てられた三伏小屋以後である。前線基地となる三伏峠は、日本一標高の高い峠で二六〇七mあり、この峠を境に南アルプスは南北に分けられる。

　この峠の山小屋で息子は夏の三カ月間アルバイトを

していた時期があった。
息子は高校を卒業して建築現場のトビ職や運営会社で働いていたが、どれもあまり長く続かず悶々としていた。冬眠している動物のように部屋に閉じこもり、唸り、一日中音楽を聞いていたりと気ままに暮らしていた。ふらりとオートバイに荷を括りつけ、どこか遠出したりと、憂さ晴らしの日々を過ごしていた。

山登りのコツは最初の一時間

そんな頼りない息子がある日、「オレ南アルプスの三伏峠小屋で働くことにしたわ」となにか吹っ切れたのか、大きなザックを肩に山に向かった。たしか二二、三歳の六月の下旬であった。時折下山して麓の鹿塩温泉から荷揚げする時に電話があり、「元気でやっている」と近況報告があった。

息子のことをいくつになっても心配している妻は

「休みがとれたら山小屋に行きましょう」と言っていた。教員をしている妻は夏休みになったからといって、簡単に休暇がとれるわけではなかった。また山小屋は休日前後はてんてこ舞いの忙しさで、息子とゆっくり話す時間もないらしい。

　息子の山小屋の仕事は食事の手配、布団の片づけ、トイレ掃除、トビ職を生かした小屋の屋根の点検と、早朝から夜遅くまで休む時間はない。

　七月の中旬に妻と三伏峠小屋に向かった。塩見岳に短時間で登りたい人にとって、鳥倉《とりくら》林道が奥に延びたことは非常にありがたい。バスが入る鳥倉林道終点から三伏峠までゆっくり登っても三時間で着く。

　林道から登山道に入ると、うっそうとした森に包まれる。森の中で長い時間呼吸していた空気は新鮮で、歩くたびに自分が生き生きしてくるのが分かる。尾根に取り付くまで急な登りが続く。まだ体が山道に慣れていないのか私も妻も足取りが重い。山登りのコツはこの最初の一時間にある。一定のリズムがつくまで、とにかくゆっくり足を運び、体が山に対し素直になることが大事である。

息子をたずねて三千里

三伏峠まで約三時間、ということは四回から五回は休憩することになる。小休憩の

時に麦藁帽子を被った妻は、タオルで顔の汗を拭いながら息子に会えることが嬉しくてしかたがないらしい。さらに「小屋の人とうまくやっているのかしら」と心配していた。

息子は都会の人混みや喧噪が嫌いで、混雑した通勤電車に乗っての会社勤めは諦めている。無駄なおしゃべりより、黙って山や海を眺めて暮らすほうが安らぐ性格であった。農家の人が黙々と田んぼを耕す、そんな仕事が息子には一番合っているようだ。早朝から夕暮れまで沈黙したまま体を使い、働ける仕事を探しているようだった。

シラビソの林を登ると、三伏峠小屋前の広場に出た。小屋の玄関から妻はそっと覗き込み、息子の名を小さく呼んでいた。久し振りに会う息子は「思ったより早く着いたね」とまぶしそうな顔をしていた。髪の毛を短く刈り、日焼けし精悍《せいかん》なつらがまえであった。

「お花畑がきれいなんだ」と息子はサンダル履きでほ

んの少し歩いたところを案内してくれた。明るい紅紫色のハクサンフウロが風で揺れていた。その奥に霧のかかった塩見岳がぼんやり見えた。

妻は息子と並んで岩に腰掛け、息子の指差すクルマユリを見て一つひとつ頷いて笑っている。その姿に、「息子をたずねて三千里だな」と私は思った。いくつになっても母親はわが子のことが愛おしく心配なのだ。

「小屋のカレーおいしいよ」と息子は立ち上がり私に言った。

山のコラム 8

山の服装

山の服は遭難した時に発見されやすいように、派手で目立つ色が多い。最近ではレインウェアなどにあざやかなパステルカラーの色が出まわっている。汗冷えを防ぐ下着もサイズが豊富で助かる。

最も推薦できるのは薄いフリースである。抜群の保温力があり、夏山でも冬山でもザックの中にかならず入れておく。ストレッチ性もあり、体が圧迫されないのも嬉しい。薄手のダウンジャケットも重宝する。冬は街着としても欠かせない。山で寒い思いをすることを考えれば、少し値が張っても我慢ができる。

夏に山形の湯殿山《ゆどのさん》（1504m）に登ったことがある。その時白装束に身を包んだ修験者の一行と出会った。山に登る気合いと迫力が違い思わず震えた。手にした金剛杖にすでにオーラがあふれている。われわれおじさん一行のなんとも派手な登山ウェアに、恥ずかしさを覚えた。信仰の山に登る時は、控えめな服装が正解かもしれないと悟った。

43

茶臼岳

ちゃうすだけ ▲2604m

高山植物が見事な山

息子の働く山小屋へ

『日本山名事典』（三省堂）を開くと「茶臼」と名が付く山が六〇ほどある。おそらくどの山も山容が茶臼に似ているからと付けられたはずだ。ということはあまり特徴がない山なのかもしれない。

　そんな茶臼の山の中で最も高い山が長野県と静岡県の境、赤石山脈南部の茶臼岳である。南アルプス南部の山として人気が高い。シラビソの針葉樹が山腹を覆い、頂上付近にはハクサンフウロ、シナノキンバイ、ニッコウキスゲなどの可憐な花が斜面を埋め尽くす。また三〇〇〇mを超える雄峰赤石岳、あるいは光岳《ひかりだけ》を目指す分岐点の山でもある。

　七月に入り妻の仕事の段取りがつき夏休みに入った。さて出発しようと思った前夜から七月の台風としては史上最強クラスが訪れ、日本各地で土砂崩れの被害を引き起こした。南アルプスの茶臼岳へのアプローチも、

路肩が崩壊してお盆の終わる頃まで入山できなかった。しかし、どうしても妻はこの山に登りたがっていた。上の山小屋で前年の夏の塩見岳に続き、息子が働いているからだ。

茶臼岳への出発点は早朝の畑薙《はたなぎ》第一ダムからである。コンクリートのダムの道は真夏の太陽に照らされジリジリと音がするほど暑い。私と妻は大きな麦藁帽子に首からタオルを垂らし、すでに汗だくだ。長さ一八二m、高度感充分な畑薙大吊橋を渡り、カエデの大木の下でひと息つく。

山は静けさを求めて入る

どんな山でも人混みの多い季節や時期を私は避ける。人が数珠つなぎになった最盛期の山は人疲れして、後になるとなにも記憶に残っていない。一人や仲間とひっそりとテントを張って登った静寂の山は、いつまで

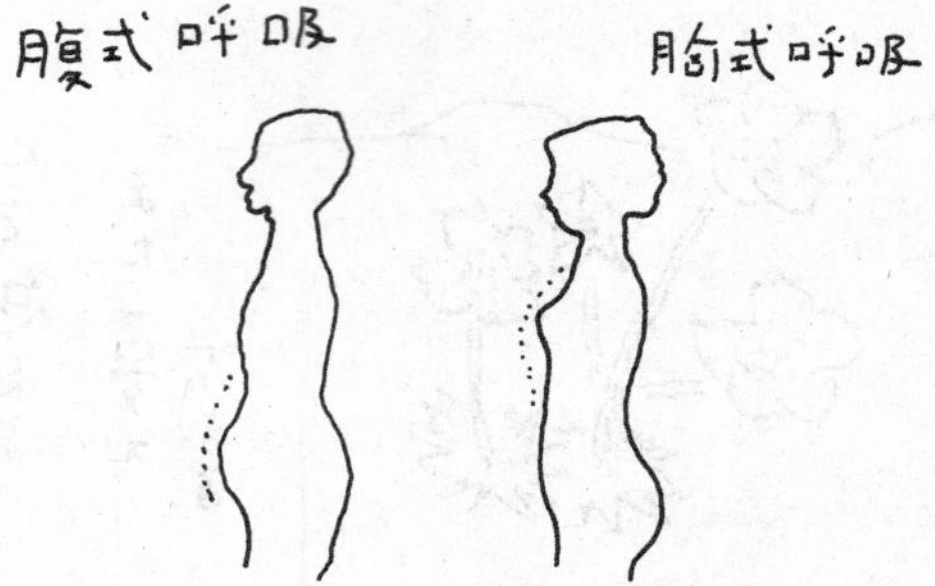

も思い出に残る。山は高さより静けさを求めて入る。さらに登山路がしっかりした明確な道が嬉しい。

小さい沢を過ぎるとヤレヤレ峠である。ベンチに二人して、やれやれだね、天気がいいねと口数が少ない。だが出発点からあまり休むと、今夜中に目的の茶臼小屋に着けなくなってしまう。何本目かの吊橋を渡り、つづら折りになった急登のダケカンバの林が涼しげである。少し行くと横窪沢《よこくぼさわ》小屋に着く。

小屋の主人にラーメンを注文する。妻は、上の茶臼小屋で息子が働いているので連絡が取れますかと、丁寧に頭を下げて尋ねていた。

息子は夏の三ヵ月間、茶臼小屋でアルバイトをしている。妻は携帯電話のメールで息子と何回かやりとりしていて、横窪沢小屋に着いたら無線があるので、連絡するようにと言われていた。ここから茶臼小屋まではあと二時間ほど登らなければならなかった。私のザックには、息子から頼まれた岩魚釣り用のエサと、小屋へのお土産としてコーヒーの粉が入っている。

ラーメンを食べ終わり、小屋の居間からぼんやり外を眺めていると、妻が突然叫び声を上げた。赤いTシャツを着た息子が走るように駆け下りてきた。荒い息を吐き汗だらけで立っていたのだ。それはまるで、天狗のように樹の間を飛び下りてきたような速さであった。

疲れてきたら腕組み

妻と私は重い荷物を息子のザックに入れ出発したが、ダケカンバの急登をまるでマラソン選手のように息子は登って先に行ってしまった。

「元気そうでなにより」

子を思う母親は安心した表情で登り始める。疲れてくると面白いことに自然に腕組みをして歩くようになる。手をぶらぶら下ろして歩くより、腕組みをして体の中心に乗せたほうが楽になってくる。後ろに手を回したり腰に手を当てている人も多い。ストックを腕組みした両手で抱えながら、リズムをとるように登っていく。

次第に勾配が緩やかになり、上を見上げると茶臼小屋が見えてきた。小屋の周りには豆粒ほどの人が動いている。

「もうひと息だね」と妻に声をかけると「苦労して来て良かった」と本当に晴れ晴れした表情をしている。あたり一面に高山植物が咲き乱れていて、流れる風が気持ち良い。

息子が小屋の玄関の前で大きく手を振っている。どうして山の空気はこんなに新鮮で爽やかなんだろう。大きく深呼吸を繰り返し、なだらかな花の道を時間を稼ぐように登っていく。ここまで来るのにゴミがまったく落ちていないことに驚き、感謝した。年々山に登る人のマナーが向上してきた。

「やっと着いたよ」と息子に声をかけると、「もうお父さんたら遅いんだから」と苦笑していた。

山のコラム 9

山の事故

山で事故が起こるのは、登りより下る時のほうが比べられないほど多い。体が萎《な》えてくる頃の転落事故が後をたたない。山では最後の平らな道へ下りてくるまで油断しないことだ。

三十数年前にヨーロッパアルプスのアイガー（3970m）の頂上に立ったものの、下りの西稜でスリップして大事故を起こしてしまった。ヘリコプターによって救助され無事に生き延びたが、まさに九死に一生を得た。あの時もし頭に岩登り用のヘルメットを被っていなかったら、助からなかったはずである。同行した仲間に本当に迷惑をかけてしまった。まさに油断大敵である。この後、山に入ると「下りに注意」の赤ランプが脳内に点滅するようになった。

下りで膝が震えだしたら、ストックが役に立つ。カーボン素材を使った軽量モデルがたくさん出ているが、中高年登山者にとっては必携品と言えよう。さらに膝のサポーターも強い味方になる。この二つであと10年先まで山でがんばれるはず。

石は役に立つ
これでひとまず安心
石はただ
イスにも
テーブルにも
ケルンにも
水面の小石飛ばし

8章

これぞ日本の山

登った者だけにしか分からない
充実感がたしかにある。
富士山には
永遠の山の真理が潜んでいる。

44

富士山

ふじさん ▲3776m

見る富士から登る富士

山に罪はない

私が五歳の時に両親は名古屋《なごや》から東京へ、新しい事業を起こすために引っ越しをした。それは一九四九年（昭和二四年）のことで、日本は戦後から緩やかに抜け出し始めていた。

名古屋を出た夜行列車が静岡に近づいた時、誰からともなく「富士山」と大声が上がった。だんだんと白んでくる空を背に、雪を被った富士山は神々しく輝いていた。一斗缶の上に座った私は父親と一緒に、「富士山、富士山」とはしゃいでいた。

一斗缶の中には煎餅やカリントウがぎっしりと詰まっていた。両親は食料不足を絶えず心配していた。その時の富士山の記憶が強烈に残り、都内の小学校に通っていた時期は四季を通じて富士山を見つめていたが、いつもお菓子の入った一斗缶のことを思い出すのであった。

富士山は見る山であって、登る山ではないと言われてきた。噴火を繰り返してきた山は、溶岩に埋め尽くされ、樹林も水もない殺風景な山容だからだ。夏の最盛期に登った者は、「もう二度とゴメン」と人の多さを嘆く。

富士山に登る多くの人は、山登りの未経験者か初心者である。「日本一の山」だから一度は登ってみたいということだ。

誰でも登れる山といっても高さの障壁がある。九合目あたりで高山病のために、へたばり朦朧《もうろう》状態になっている登山者が多い。富士山に罪はなにもない。

ヒマラヤ高峰より危険な山

初めて富士山に向かったのは二〇代前半である。一〇月の初冠雪があり、一一月からは富士山は厳しい冬山に変貌する。ほかの高山から遠く離れた独立峰だけに、強風が吹き荒れ蒼氷の斜面は人を寄せつけない。

一一月の中旬に都内の山岳会が主催した雪山技術の講習会に参加した。アイゼン、ピッケル、ロープワーク、雪崩の危険といったことを学ぶ二泊のテント合宿であったが、天候が悪く、頂上は踏むことができなかった。だがその時に学んだ冬山訓練は、後にヒマラヤ登山への夢を膨らませた。

初秋から初冬の富士山は、ヒマラヤに向かうための高所登山のトレーニングの場とされてきた。私が富士山の頂上に立ったのは、三〇代に入ってからのことだったが、やはりヒマラヤ四〇〇〇mトレッキングに行くための予行演習であった。初秋の平日の富士山は、夏の喧噪が嘘のように静まり、荒涼とした頂上でテントに泊まった。年上のヒマラヤ経験者は「あちらはもっと空気が希薄ですからね」と笑っていた。

真冬の富士山に登った時は、八合目の斜度が増してくるあたりから、風が強く身の危険を感じた。この時はヒマラヤ・メラピーク（六四七六m）に登るための訓練であった。やはり富士山の最高峰・剣ヶ《けんが》峰《みね》の岩下にテントを立てたのだが、強風や突風が吹くたびにテントが左右に揺れ、張り綱を補充した。下山の降下は緊張の連続で、確保されたロープの助けを何回か受けた。一度滑落すると氷化した斜面では止まらなくなる。

さらにアフリカのキリマンジャロ（五八九五ｍ）、ヨーロッパアルプスのアイガー（三九七〇ｍ）、低いがバリ島のアグン山（三一四二ｍ）と外国の山に出かける前には、かならず富士山のお世話になってきた。冬の富士山はヒマラヤ高峰より危険な山と言われている。最大の敵は突風と雪崩である。信頼できるリーダーやガイドと行くのが鉄則であり、賢明と言えよう。ヒマラヤに行くための準備として冬の富士山へ登り、下山中に滑落し亡くなった知人が何人かいる。

永遠の山の真理

息子が二〇代の後半にデナリ（マッキンリー・六一九〇ｍ）に三週間行くことになったが、まずは親の忠告通り夏の富士山に何度か通っていた。御殿場《ごてんば》口のコースは四つの登山口の中でも最も標高差があり健脚向きである。

二〇キロぐらいの荷を背負って一日一〇時間以上行動できる体力がないとデナリ（マッキンリー）の頂には立てない。長期的な山は体力、持久力と、しかも高所での不便なテント生活と、精神的な忍耐強さも求められる。

デナリの頂上に立った息子の写真を見ると、苦労した後に到達した喜びにあふれていた。濃紺の空に突き出た真っ白な頂上に立った時、息子は何を感じたのだろう。持てる力をすべて出し切り、やっとやっと登頂できたあの輝く瞬間を忘れることはできないはずだ。息子は「行く前に富士山に何回も行けたのが良かった。富士山に感謝している」としおらしいことを言っていた。

誰でも知っている富士山だが、とりわけ登った者だけにしか分からない充実感がたしかにある。高所順応は体で覚えるしか方法がない。登った人はまた新しい富士山の魅力に引き寄せられていく。富士山には永遠の山の真理が潜んでいる。

降った雨や雪は溶岩や土の層に何十年も潜り、清い水として湧き出てくる。

麓の忍野《おしの》村で富士山の名水を飲む時、「ふーっ」と大きく息を吐き富士山をじっと見つめる。

45

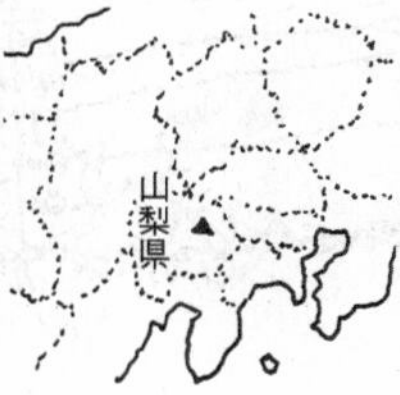

雁ヶ腹摺山

がんがはらすりやま ▲1874m

富士山の展望台

遭難の半分は「道迷い」

ＪＲ中央本線大月《おおつき》駅からバスかタクシーにて金山《かねやま》鉱泉に向かい山道に入る。本来「雁ヶ腹摺」とは鳥の通る道、山と山との間のたるみを言う。この山が有名になったのは、旧五〇〇円札の裏に印刷された富士山の撮影地だからだ。三角点の置かれている山頂から富士山を見ると、うっとりするほど美しい。広々とした山頂に登ってきた者は旧五〇〇円札かそのコピーを持って、「なるほど」としきりに感心している。紙幣に載った山はやはり一度は登らなくてはならない。頂に新雪をまとった晩秋の日だまりハイクなどはいつまでも思い出に残る。

標高も中級で、富士山の好展望台として知られるハイキングコースではあるが、意外にも時々遭難が起きる。ササやブナ林の道、さらにカヤトの高原。はっきりした尾根道があるのになぜこの山で遭難があるのか

疑問になる。

雁ヶ腹摺山だけでなく山全体に言えることだが、遭難の半分は「道迷い」である。高山ではなく近郊の低い山でも多発している。その多くは下山の時に集中している。山頂でのんびりし過ぎたのか、下りに体力がなくなり注意力が散漫になったのか、いつの間にか仲間から離れたのか。そうして道に迷い戻れなくなってしまう。

獣道にはまり込む

山で遭難する人には多くの共通点が挙げられる。まず地図を持っていない。持っていても読めない。ヘッドランプを忘れてくる。初心者だけではなくベテランも、さらに全年代にわたって遭難は起きている。「道迷い遭難」がなぜ圧倒的に多いのか。それを検証したい。

私たち二人は雁ヶ腹摺山で遭難の寸前までいった。それは三〇代後半のカメラに凝っていた頃である。一時は写真を撮るために山に登っていた時期もあった。一眼レフの高級カメラが次々と出ていた頃で、カメラ雑誌を毎日熱い視線で見つめていた。

同じ趣味の友人と三脚をザックに括りつけ、「富士山をモノにする」と雁ヶ腹摺山に向かった。一度登った山なので、舐めていたのか、愚かな二人は地図も磁石も持って行かなかった。天気も良かったので山頂でさんざん山岳写真談義に熱中していた。午後三時をまわり下山路にさしかかると、一五〇〇m付近に二つのピークがある姥子《うばこ》山《やま》へ寄っていこうと私が提案した。わずかに残るカヤトの踏み跡を下っていったが、ここで道迷いの落とし穴にはまってしまった。

秋は一気に夕暮れになる。私たちはどうも獣道に入ってしまったようだ。迷った時の鉄則、登り直せばいいものを、もう少しだけとどんどん下ってしまい、すっかり迷路にはまってしまった。地図と磁石がないので自分たちのいる位置が正確に分からない。

知らない斜面の下りが怖い

同行した人はカメラの取り扱いには慣れているが、山は高尾山止まりでまったくの初心者である。焦っているうちにあたりはすっかり暗くなってしまった。これではビバークか？　着のみ着のまま露営することが一瞬頭をよぎった。さらに悪いことに、友人は雨具を用意していたがヘッドランプを持ってこなかった。

私のヘッドランプはまだ灯っていたが、電池の予備はなかった。幸いなことに友人のカメラバッグに同じサイズの電池が一つ残っていた。

「とにかくもう一度登ろう」。道迷いで一番怖いのは知らない斜面の下りである。暗くなると転落事故が後をたたない。ヘッドランプの電池を節約するために、できるだけ眼を慣らし、腰を低くして来た道を戻っていった。

時計を見るとすでに七時を越え、あたりは墨を流したごとく真っ暗闇である。不安で胸がドキドキし始めた。「冷静に」と念じながら登り、やっとのことで見覚えある白樺平《しらかばだいら》の登山路に出た時の喜びは大きかった。「助かった」と友人に水筒を渡し、二人で残り少ない水をひと口ずつ飲みひと息ついた。百間干場《ひやっけんほしば》の水場で水筒に補給し、滑りやすい下山路をゆっくり下りていった。金山鉱泉の灯りが目に入った時は二人ともいくらか涙目であった。

「遭難の一歩手前だったな」と私が言うと「これは立派な遭難です」と友人は真面目に怒っていた。

46

三ッ峠山

みつとうげやま ▲1785m

正面に日本一の山

登るごとに風景が変わる

雁ヶ腹摺山も良いが、富士山を眺めるのに最適な山は、河口《かわぐち》湖の北東にある三ッ峠である。山名の由来は頂上付近に三つのドッケ（突起）があるところからミツドッケとなまったものという説がある。ロッククライミングの練習場として関東一のスケールを誇る屏風岩を抱いた開運山《かいうんざん》、大きな電波塔のある御《お》巣《す》鷹山《たかやま》、お花畑が広がる木《き》無山《なしやま》と三つの山容が特徴的である。

少し前までは夜行日帰りの山として人気が高かった。夜行列車にてひと眠りするとちょうど大月から富士急行の乗り継ぎが良く、三つ峠駅がそのまま登山口になっている。駅で水を補給してそのまま山に入れる。現在は朝の列車の便が多く夜行の人はいない。

表登山道は三つ峠駅から五時間ほどで山頂へ行ける。車で行けば、御《み》坂《さか》トンネルから裏登山口まで三〇分、そこから一時間で頂上に達する。今は裏側から登る人

が多くなってしまった。四季を通して、何度も通った道なのに、来るたびに山の植生は変化しており、登るごとに風景が変わり、退屈することはない。

富士山が仁王立ち

山登りを始めた高校生の頃から、いったい何度この山に向かったのだろうか。三〇回近くは通ったはずだ。二〇代で岩登りを習いだしてからは、雪や氷の斜面で滑らない爪が付いたアイゼンを登山靴に装着し、大きな手袋をはめて、冬の穂高や谷川岳の登山を想定して訓練をしていた。

岩を登っている間は登攀に夢中で、あたりの風景など一切目に入らない。ロープを結んだ仲間とひと息入れる時、初めて「あっ富士山が」ということになる。三ッ峠から眺める富士は堂々としてまさに揺るぎなく、「オレ様が日本一の山だ」と照れることなく仁王立ち。

岩場を下っていくとわずかに湧水があり、これを知らない登山者が多い。この水を指して「水峠」と呼び、三ッ峠に転じたともいわれる。貴重な水場なので、岩場に来たクライマーの間でも秘密にされていた。もう一つ木無山の山頂小屋（三つ峠山荘）を下ったところにも小さな岩場があり、クライミング講習会がある時は賑わっている。

この山の一番の魅力、頂上からの展望に話を移そう。御坂山塊の奥に南アルプスが連なり、右側には八ヶ岳連峰が裾野を延ばし、目の前に偉大な富士山が「ドウダ」と腕組みをしている。

食料の嗜好

きつい登りが終わり、いつものベンチで仲間とまるで自己陶酔に陥るごとくふるまう。「山は懐が深い」と私が言うと友人は、「そういうものです」とクエン酸がたっぷり入った梅干しを口にしている。エネルギー補給食は、歳とともに嗜好が変化していく。ひと口ヨウカン、ゼリー状のお菓子、酢コンブ、干しブドウと、どうもその時の流行があるようだ。どちらにしても素早く食べられる物に絞られていく。

二〇歳頃に恋人ができて、二人で三つ峠駅から真っ暗な道を歩いたことも懐かしい。私は体調が悪かったのか、徹夜で歩くのが、やけにつらかった。頂上近くの岩場の下

を通過した時はふらふらしていた。彼女は心配そうに私を見つめ、後に「三ッ峠では私のほうが強かった」と自慢していた。

下山路は河口湖畔まで歩きやすい。ガスストーブでコーヒーをいれたりできる、余裕ある下山路である。

御坂峠の茶屋を通ると、太宰治《だざいおさむ》の「富士には月見草がよく似合ふ」という『富嶽百景』の一文が紙に書かれ垂れ下がっている。どこの茶屋か分からないが、太宰治は長いこと宿に逗留して進まない原稿書きに頭を痛めていた。安い木賃宿《きちんやど》とはいえ、何カ月も滞在するのは、当時でも大層贅沢なことだ。

あの時の恋人と私がやがて結婚し子どもが生まれ、その息子が中学生になった時には、父と子で三ッ峠に岩登りに来られるとは思ってもいなかった。

その時は帰りの尾根道を歩きながら「おかあさんと、結婚する前にここを歩いたんだ」と自慢した。「ふーん」と気のない返事が返ってきた。

47

御在所岳

ございしょだけ　▲1212m

野生動植物の宝庫、アルペンムード満点

地勢、気象の交差点

　三重と滋賀の県境に南北五〇キロに及ぶ鈴鹿《すずか》山脈、その中央部に位置するのが御在所岳である。日本海側と太平洋側の地勢、気象が交差し、多種多様な生物を育ててきた。ツツジ科、カエデ科の種類が多く、イワザクラ、イナモリソウ、コモノギクの産地として有名である。野生動植物の宝庫と言われ、カモシカが遠くのほうからじっと登山者を見つめていたりする。

　クライマーの集中する藤内壁《とうないへき》が有名である。頂上付近には白い巨岩や奇岩が点在し、標高は低いがアルペンムードが満喫できる山だ。ロープウエーが通年運行しており、初めての親子ハイキングにも良い。登りで疲れたら下りは楽できる。春の山桜の頃と、秋の紅葉の中での岩登りと私は二度ほど御在所岳に出かけたが、山を覆う植生の広がりに感心した。

　最初の時は沢を登ったが、絶えずチリリリリと震え

る声で歌うミソサザイに励まされた。国内で最も小さい鳥だが、さえずりは体に似合わず大声を出す。沢の上の枝で尾っぽを振る野鳥に見とれていた。

関東の岳人が三ッ峠の屏風岩で訓練を受け、ヨーロッパアルプス、ヒマラヤ高峰に育っていったように、東海、愛知、関西のアルピニストは御在所岳の藤内壁で力を付けてきた。岩質は硬く、現在も多くのクライマーで賑わっている。

日本の紅葉の深さ

紅葉真っ盛りの時に、湯《ゆ》の山《やま》温泉に出かけた。この時は東海、関西から七〇名ほど集まった登山研修会であった。一日目は下の湯の山温泉宿にて机上講習で、二日目は藤内壁での基本のロープワークと岩場での遭難者の安全確保であった。

四日《よっか》市《いち》に住む友人と参加したのだが、岩場で怪我した者を下ろす作業の難しさを実感した。負傷者の処置についての講習は、鋭く切り立った岩場だけに緊張感が増し、参加者は一切無駄口をきかず真剣そのものであった。遅い午後、裏登山道を登って国見《くにみ》峠から頂上に立って解散となった。露岩と砂礫の斜面が多く、鋭く屹立《きつりつ》する山容とは違い、南側の広々とした斜面は曲線を描いていた。山頂付近はスキー場、レストラン、遊園地と賑やかである。夕陽台からまさに夕暮れが近づいた、墨絵の峰々が重なる風景に見とれていた。琵琶《びわ》湖から比良《ひら》の山並みと遮るものがなにもなく展望が良い。

　この時は二週間前にドイツのミュンヘンに会社の出張で出かけた。そこでも黄色一色に染まったイチョウ並木の紅葉に感激はしたのだが、御在所岳に来て、つくづく日本の紅葉の深さを認識した。

　湯の山温泉の周りは暖帯性、常緑広葉樹林の緑が、扇子を大きく開いたように広がる。登るにつれて、温帯落葉広葉樹が色づき、波を打つように重なる。緑色、黄色、だいだい、茶、赤と細かく、パズルのごとく重なり、日本の岩絵の具のような色彩を浮かび上がらせている。夕陽台の見晴らしに立つと、次第に空は群青から木炭を塗りつぶした空に変化していく。

ルート整備で危険は減らせる

この時に学んだ遭難事故訓練、ロープでの確保技術講習はその後の山行の大きな礎になった。山の危険は岩場や高山だけではなく、常に身近に潜んでいることを教えられた。

鈴鹿山脈での遭難の中で、極めて多いのが道迷いであると前日に関西の山岳会から報告があった。その原因がごく普通の登山路の整備不足の指摘である。会を挙げてルート整備を行なって以後は、道迷い遭難が大幅に減ったと言う。

諸外国の山と比べて、日本では道迷いの遭難が山の事故の半分近くを占めて多いのは、「山登りは自己責任」という極めて安易な風潮からである。隣の韓国でも近年登山ブームが続いているが、道迷いの遭難は非常に少ない。メジャーな登山路は徹底して分かりやすい標識をつけ、国を挙げて整備に力を注いでいるからである。「雨の日には登らせない」という厳格な管理体制に反発もあると思うが、日本も中高年の登山人口が急増しており、ルート整備は明確に標準化されなくてはならない。二日間にわたった登山研修会に出席して、私の登山への関心は深まった。

夕陽台のベンチに友人と二人して座りながら、

「山の事故の原因は尾根道。低山の道迷いが多いんだって。驚いたな」

と私が言うと、彼も大きく頷いていた。

48

高千穂峰

たかちほのみね ▲1574m

伝説と神話の連なる火山群

火山の博物館

鹿児島と宮崎の県境に広がる、霧島《きりしま》火山群の東端に高千穂峰がある。なだらかな山容はどこかで見た風景のようで懐かしく気高い。霧島錦江湾《きんこうわん》国立公園の中にあり、韓国岳《からくにだけ》や霧島山など二〇以上の峰が連なり、火山湖が神秘的なエメラルドグリーンに輝いている。霧島火山群は多くの伝説と神話に彩られ、特に高千穂峰を舞台にした天孫降臨の神話が有名である。この神話に基づき、山頂には青銅製の天逆鉾《あまのさかほこ》が立っている。

山名は「高いところにある千の火」の意で、多くの噴火口がある説と「高く積み上げられた穂」の説がある。山頂の西に一九一三年（大正二年）大爆発を起こした御鉢《おはち》（直径五〇〇m、深さ三〇〇m）があり、こうした地形は「火山の博物館」とも呼ばれている。硫《い》黄山《おうざん》、新燃岳《しんもえだけ》、高千穂峰御鉢は現在も火山として活動中である。火山周辺は噴火警戒レベルが高く、火口周

辺は特に厳しい入山規制が敷かれている。
御鉢の火口縁には「馬ノ背」と呼ばれる細い尾根道があり、強風の時は転落に注意しなくてはならない。坂本龍馬《さかもとりょうま》がお龍《りょう》さんと新婚旅行で山頂を目指したが、ここで引き返したという伝説も残っている。

全山を覆うミヤマキリシマの花

夏が近づくとミヤマキリシマの花が高千穂峰全山を覆い山が桃色に染まる。ほかにキリシマツツジとキリシマの名の付く特有の植物や昆虫が生息する。山麓のタブノキ、暖帯林のシイ、モミ、針葉樹林のツガと植物の垂直分布の変化を見るのには絶好の山と言える。

鹿児島側の高千穂河原から約一時間三〇分の行程で、火山礫の斜面を登ると山頂に達する。展望はまことに雄大で直下に霧島最大の火口御池、振り返ると白煙の桜島と錦江湾、奥に開聞岳《かいもんだけ》と秀峰が連なる。

私が高千穂に向かったのは四〇代の六月の頃であった。キリシマツツジの花が山肌を赤く染めていた。画家の友人が東京のアパートを引き払い、高千穂にある温泉付きの民家に引っ越した。東京の狭い部屋では、油絵や彫刻の作業はできず、また同じ家賃を払うなら広い家にと移住を決心した。

彼のような独身の気儘《きまま》な生活が羨ましかった。すでに私には二人の子どもがおり、彼の自由な生き方に憧れがあった。友人はアジアを二年ほど放浪して、自分の制作の肥やしにしていた。

都会の顔は消え

鹿児島空港からバスに延々と乗り、高千穂河原の彼の家に着いたのは夕方に近かった。コニーデ型の山容に見とれていると「日没の時に山肌を照らす風景が息をのむほど美しくてね」と指差した。久し振りに会う彼の表情は穏やかで、都会で時折見せるニヒルな横顔はなかった。自然の中で暮らしているうちに、人は次第に浄化されていくのだ。

古い農家を改造した部屋の中は物が放り投げられるように散らかっていた。片づけ

るのが苦手なのか雑然としており、座る場所はなかった。その夜は名産のさつま揚げに霧島の焼酎を手に、東京の中央線沿線で遊んだ頃の思い出話に盛り上がった。ただ一つ気になっていたのは、彼の本来の仕事、絵の制作があまり進んでいない様子だった。

翌日は天気も良かったので、高千穂峰に登ることにした。火口の近くはまだ入山規制があったので、行けるところまでと気軽な気持ちで出かけた。彼は作務衣《さむえ》に易占《えきせん》師が被るような烏帽子を頭に載せ、竹の杖を手にしていた。まるで江戸時代の旅人の姿のようである。

「この一帯は霧が深い地域だから、霧島と言われる」「霧の中からヌッと山が現れるんだ」「古来から信仰の山であり、修験場であった」

彼と私は息が切れない程度の会話をしながら登っていった。「自然があまりにも豊かだとつくづく絵が描けないもんだな」と言って御鉢に両手を合わせていた。

49

宮之浦岳

みやのうらだけ ▲1936m

洋上のアルプス。九州の最高峰

屋久杉に襟を正す

屋久島《やくしま》は九州本土最南端から六〇キロ、黒潮を洗う中にある。屋久島の最高峰・宮之浦岳は島のだいたい中央に位置する。屋久島はほぼ全域が山地であり、一五〇〇m以上の高峰が十一座、一〇〇〇mを超える山が三〇座と島全体が突起した、まさに洋上のアルプスである。

飛行機の窓から眺めた屋久島に驚いたのは、まるで海面から恐竜が立ち上がったような急峻な岩肌の連続であったからだ。屋久島で見逃せないのは世界自然遺産の一つ、屋久杉である。樹齢数千年と言われる屋久杉の前に立つと、その厳格さに思わず畏敬の念を抱き、帽子を取り両手を合わせ襟を正す。

島の山登りとしては、北の利尻山と南の宮之浦岳の歩行距離が最も長く、苦労させられる。それだけに頂上に立った時の喜びはひとしおだ。ただし林芙美子《はやしふみこ》の

小説『浮雲』の中に「月のうち、三十五日は雨」と書かれている屋久島だけに、日本有数の多雨地帯である。雨具はぜったい忘れてはならない必需品。頂上付近は一年を通して霧に閉ざされている日が多い。

屋久杉の伐採は、昭和四〇年代、小杉谷《こすぎだに》付近を中心として最盛期を迎え、島の南東の安房《あんぼう》集落から小杉谷まで森林軌道のトロッコレールが敷かれていた。現在はこの廃線が登山路になっている。代表的なコースは、日本最南端の湿原・花之江河《はなのえごう》から宮之浦岳を登頂して新高塚《しんたかつか》小屋に泊まり、縄文杉《じょうもんすぎ》、ウィルソン株を見て下りてくるコースである。ベストシーズンはヤクシマシャクナゲが咲き誇る五月から六月だと言うが、本土よりひと足先に梅雨に激しく降られ、撤退を余儀なくされることも多い。この新高塚小屋は単なる避難小屋であり、宿泊設備はない。だが最盛期は混雑も予想される。そうなるとテント、寝袋、食料と装備が増える。

膝痛にサポーター

中高年登山者の悩みといえば、膝痛である。私も山に登る時はストックと膝用のサポーターが外せない。膝関節とお皿の周辺をしっかりガードする強度の強いものを登り始める時に使う。特に右足の靭帯《じんたい》を損傷してから、最大の注意をはらい、下山の時に痛みだしたら、ズボンの上からもう一つ装着するようにしている。宮之浦岳は二日間で十四時間近くは歩かなくてはならないので、休憩の時は膝をマッサージするようにしたい。

山の植物が好きな人にとって、ここは極楽のような風景が迎えてくれる。海岸部にはハイビスカス、ブーゲンビリヤが一年中花を咲かせ、バナナ、パパイヤ、マンゴーなどの亜熱帯果物が実る。そして山に入ると、濃い緑の絨毯を敷き詰めたようなササ、シャクナゲ、ヤクシマリンドウが待っている。

沖縄の黒糖

五月中旬に息子をボッカ役に頼み、仲間と合計五人、淀川《よどごう》小屋から宮之浦岳に向かった。林道にサルが数匹こちらをじっと見つめている。「人間二万、シカ二万、サル

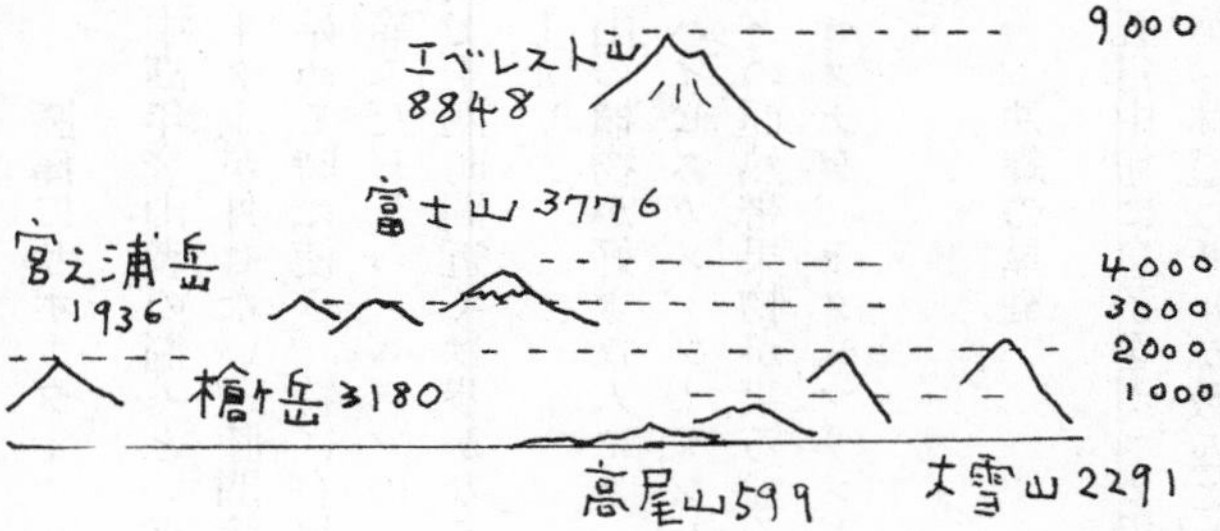

二万」と言われるほど動物が多いのも屋久島である。

白くなった白骨樹とこれから咲くシャクナゲの道を二時間ほど登ると、花之江河に出る。木道の周りには高層湿原が広がっている。川が流れ込んだ湿原とは違い、雨水だけで生まれた泥炭地である。

幻想的な湿原風景にみな足を止める。この島を巨大な植物博物館と言う人もいるが、たしかに植物分布が豊富なのに感心する。

歩くにしたがい山の雰囲気がダイナミックに、荒々しくなってくる。さまざまな形をした奇岩があたりに散らばっている。広々とした岩の休憩地、投石平《なげしだいら》でひと息つくことにする。

鹿児島空港の売店で買った沖縄の黒糖を口の中に放り投げる。黒糖はただ甘いだけではない。かすかな苦み、さらに少しの塩味。なんだか自然の栄養素がぎゅっと凝縮した食べ物である。これこそが登山のエネルギー源である。

テントに食器、食料と少しでも重いものを息子のザックに押し込んできたので、こちらの足取りは至って快調である。天候も申し分ない。南のいくらかピンクがかった青空がまぶしい。

大きな丸い岩の間を何度か抜けて行くとついに宮之浦岳の頂上に到着した。

こんな風景は今までに見たこともない。なんという壮大な風景なのだろう。真っ青な海の彼方に薩摩《さつま》半島、種子島《たねがしま》、口永良部《くちのえらぶ》島、硫黄島《いおうとう》、遠く竹島《たけしま》まで見える。友人は携帯電話を取り出し東京の会社に「宮之浦岳は本日も晴天なり」ととぼけたことを話している。

息子は登ってきた道を指差し、「あんなところにシカが二匹いる」と言った。親子なのか小さなシカが大きな母親のシカの陰に隠れるようにしていた。

50

七国山

ななくにやま　▲128m

自然がたっぷりな丘陵地帯

一番身近な山

山の定義は、低くても明確に頂上があることか？　さらに俗世間を離れた清浄の地でなくてはならないのか？　東京都町田《まちだ》市郊外にある七国山は、谷戸《やと》が重なった奥にある。

名称からも分かるように、昔は七つの国（相模、甲《か》斐《い》、伊豆《いず》、駿河《するが》、信濃、上野《こうずけ》、下野《しもつけ》）を見渡せたからこの名が付いたといわれる。標高は一二八ｍと極めて低い山だが、家から近いために私にとっては大切な登山コースである。七国山の近くに引っ越してから四五年が過ぎようとしている。

散歩は気晴らしに三〇分から一時間歩くことを指す。散策はもう少し範囲を広げ、二、三時間といえよう。なおハイキングは一〇〇〇ｍ程度の野山を日帰りで、登山は二〇〇〇ｍを越す山登りと私は認識している。

ワンダーフォーゲルは峰々を一つの集団で渡り鳥の

ように縦走していく。この場合、単独行はあてはまらない。ではトレッキングはどうかと問われると、高い山の頂上に立つのが目的ではなく、山麓を歩く行為とみなしている。

さらに「山は高きが故に貴からず」の言葉を重んじるならば、七国山は低いが品位がある山と言えよう。

残された原風景

冬の日など丹沢山塊の大山が雪を被り神々しく見える。少し移動すれば奥多摩、南アルプス、富士山と峰々がくっきり浮かび上がり、振り返ると副都心ビル群の奥にかすかにスカイツリーも見える。

かつては町田の市域は緑の丘陵地帯であり、静かな景観を見せていたが、この半世紀で大型団地が次々と建設され、町田の歴史を刻み込んだ丘や谷戸や川を削っていった。七国山周辺が最後に残された貴重な原風

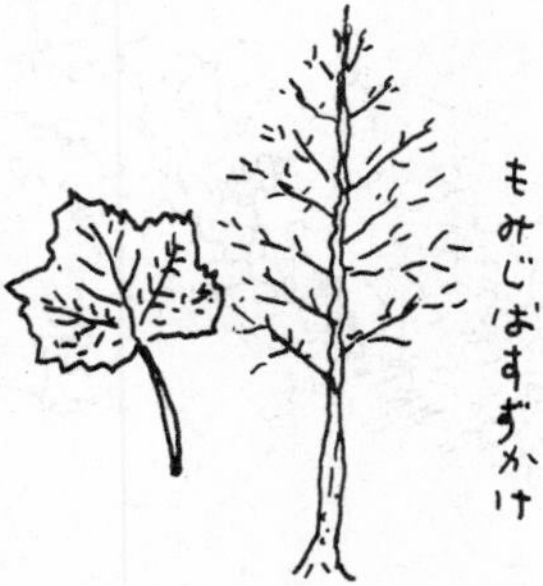

景と言えよう。
鎌倉《かまくら》攻めの時に新田《にった》義貞《よしさだ》が掘ったと言われる鎌倉井戸跡が現在もひっそりと残っている。鬱蒼とした木立に囲まれ、井戸の上には落葉が何層にも積もっている。あたりを歩くと、薬師《やくし》池《いけ》公園、ぼたん園、七国自然苑、ダリア園と、自然をたっぷり満喫できる散歩道が続いている。

歴史に詳しい友人は七国山から見下ろし、「古代縄文人が生活するのに申し分のない場所」と言ったが、たしかに丘陵地帯からは数多くの遺跡が見つかっていた。

法隆寺《ほうりゅうじ》がある奈良の斑鳩《いかるが》町を何度か風土研究家一行と歩いたことがあるが、七国山の風景と重なるところがあり驚いた。緑の小道や田んぼや畑のあぜ道を歩きながら、しきりに七国山のことを思い出していた。逆に七国山を歩きながら奈良の里山を思い返す。

野鳥観察も楽しい

七国山の周りの道はよく手入れがされているが、畑脇の枝道を歩いているとタヌキやらウサギと出合うこともある。

タラノメ、カタクリ、キブシ、イチリンソウ、ヒトリシズカ、マムシグサなどの植物、雑木林に入ると、メジロ、シジュウカラ、ツグミ、ヒヨドリ、コゲラ、アオバズク、フクロウと野鳥観察も楽しい。時には高く飛翔するタカ類も目に入る。

子どもが生まれてから、家では常に犬を飼っていた。犬の散歩も七国山となる。そして妻とささいなことで喧嘩した後は、気まずいので一人で憤慨しながら犬と一緒に遠出することも多かった。私は短絡的な思考が強く、すぐに物事の結論を出したがる傾向を直せなかった。

息子は結婚して子どもが生まれた頃、中古の家を見つけてきた。その家があるのは七国山の裏側であった。植木職人になった息子はトラックがとめられ、仕事道具が置ける庭のある家を探していた。町田市の郊外には空き家が次第に多くなり、息子にとってこの上ない、広い庭付きの家が見つかった。息子の嫁は赤ん坊を抱え、「以前の狭いアパートだと、息が詰まって」と言って大層喜んでいた。

妻は七国山を越えて息子の家に行くのが楽しくてしかたがないらしい。歩くとなるとたっぷり往復二時間はかかるが、帰りに農園で販売している野菜を求め、「孫が近くて良かった」と声も上擦っている。

孫に会うので足取りも軽い。車の通らない道を選び、野鳥や樹々に見とれながら息子の家に向かう。最近妻との喧嘩がなくなったのは七国山の山の神のご加護かもしれない。

山の
コラム
10

山のトイレ

山小屋には温水洗浄便座はぜったいにない。山登りを始めた初心者がまず戸惑うのは用足しである。女性はお花摘み、男性は雉《きじ》撃ちと表現する。どちらもしゃがんだ姿から連想したのだろう。夏の富士山などの人の多い山では時にトイレットペーパーの残骸が風に舞いげんなりさせられる。山のあちらこちらにトイレを置くことはできないから、山小屋の悩みは多い。

穂高や槍ヶ岳に向かう時は、上高地、徳沢、横尾までは、水洗トイレが設置されているので快適である。とにかく山では早め早めにトイレに行くことが一番。我慢すると体にこたえる。樹林帯や大きな岩の陰がお花摘みに最適だが、そこはすでに先人の臭いが漂っていたりする。

トイレットペーパーを「キジペ」と略して言うが、キジペは雨に弱いのでビニール袋に入れ、大切に保管しなくてはいけない。山でつらいのは下痢の時である。目はキジ場探しで血走る。山で抵抗なく用足しができるようになると一人前。

あとがき

一〇代の頃から山登りに興味を持ってすでに五〇年近くたつ。

若い頃に登った山は、それだけ真剣に山と向き合っていたのか、鮮明に記憶の中で生きている。逆に歳を重ね、仲間と冗談を言いながら登った山は、季節も登山コースさえ忘れていることも多い。

さらにあと一歩で頂上に立てたのに、天候の悪化でトボトボと下山した山も多い。

このところ足腰が衰えて気が弱くなったせいか、いくら雨具が進化したとはいえ、雨の日は山小屋のストーブの前で、山の本を読んでいることにしている。

最近の山登りの特徴的なのは、中高年というより私のように高齢者がぐんと増えたことである。逆に若い女性群の増加で山は賑やかになってきた。ただ山登りは低い山からの積み重ねがないと身に付かないもので、やはり自分に合った身の丈の山に登るに限る。経験を積めば山はそれだけの楽しさを与えてくれる。

この本の立案者で編集者の林あゆみさんは、自分が登った白山《はくさん》や筑波《つくば》山が入っていないのが少し不満そうであった。

誰でも心の山をかならず一つは持っている。

沢野　ひとし

二〇一五年一〇月

秋の赤岳が待っている

文庫版あとがき　山は里も大事

三十代まで山登りは圧倒的に夜行日帰りであった。駅の改札口を出たらそのまま歩いて登れる山を選んでいた。丹沢、奥多摩、やがて秩父、八ヶ岳としだいに範囲を広げていった。

一番多く足を運んだ山は赤岳を中心とした八ヶ岳である。三千メートル級の山が連なり、四季を通じて山の良さを満喫できる。高山植物、コメツガ、シラビソなどの針葉樹、頂上に向かっての岩稜《がんりょう》帯。手軽なハイキングから冬の登攀《とうはん》ルートと何十回登ってもいつも新鮮な気持ちになる。さらに山小屋もテント場も充実しているので安心できる。

高校一年生の初夏に一人で小淵沢《こぶちざわ》駅から編笠山《あみがさやま》、権現《ごんげん》岳、赤岳とほぼ十時間無我夢中で歩き続けたことがある。レンゲツツジ越しに振り返った時の雪を被った南アルプス、おにぎり二個の自作の弁当——今となると残っている記憶は少ない。

次の日は横岳、硫黄《いおう》岳を越え、夏沢峠から本沢《ほんざわ》温泉へ。そして松原湖まで歩き、長い八ヶ岳縦走は終わった。

その時の達成感は、その後の登山の大きな自信になった。何度となく出てくるクサリ場やハシゴ場での手足の動かし方も、しだいに体で覚えることができた。硫黄岳の頂上で、大きなキスリングを背にした大学山岳部の先輩たちが、これから蓼科《たてしな》山まで縦走すると語り、羨望《せんぼう》の眼差しで見つめたことを覚えている。

夕暮れの松原湖駅で小海《こうみ》線の列車を待っている間、一人ぽっちだったがまったく淋《さび》しくなかった。ザックの中から地図を取り出して確認し、次は蓼科山までテントで行ってみようと考えて、胸が熱くなった。

やがて八ヶ岳に魅了されたのか、甲斐《かい》大泉駅から権現岳、そして赤岳。清里駅から真教寺《しんきょうじ》尾根、赤岳。野辺山《のべやま》駅から県界尾根を登り赤岳。八千穂駅から麦草峠に出て天《てん》狗《ぐ》岳、硫黄岳、赤岳——と、真冬に一人でテント山行もした。

三十代に入ると、冬といえば毎年正月には美濃戸《みのと》口から赤岳の岸壁をくりかえし登った。冬になると脆《もろ》い岩場もコンクリートのように堅く凍りつき、アイゼン、ピッケル、ロープを必要とする高度な登山になってくる。

力のある連中との冬の岩場の登攀は体も心も引き締まり、まったく寒さを感じなかった。

さてこの十年ほど山から下りて里のあたりをぶらぶら歩いている。設備の良くなったテント場で、息子や孫たちと、二、三日滞在している。

滞在中、山里の歴史を聞いたり本で調べたりすると、これまで知らなかった土地の文化に驚く。長野県は満州開拓団が多かったことを知り、その碑も各地にある。

若い頃は山の頂上にしか興味がなく、クライミングに夢中になっていた。だが歳を取ると、しだいに山の麓《ふもと》のことを知りたくなってくる。

最近になって若山牧水《わかやまぼくすい》の『木枯紀行』を読み、胸がぎゅっと捕まえられた。晩秋の頃、御殿場より小淵沢、野辺山、松原湖、十文字峠、秩父への約十五日間の一人旅日記である。

　実際に牧水を真似て歩いてみると、これまでまったく気がつかなかった石に刻まれた歌碑があった。

　わが行くや　見る限りなる　霜の野の　薄枯れ伏し　眞しろき野辺を
（JR野辺山駅前　銀河公園）

見よ下に　はるかに見えて　流れたる　千曲の川ぞ　音も聞こえぬ

（川上村秋山　町田市自然休暇村）

牧水が歩いた十一月の初旬にあわせて十文字峠から栃本《とちもと》まで約一六キロ。軽いザックを背に歩いてみた。一里ごとに観音様があり、手を合わせてお賽銭《さいせん》を置く。視界がないうっそうとした原生林の中をひたひたと歩くとやがてバス停の二瀬《ふたせ》に出る。そして秩父鉄道の三峰《みつみね》口に着く。

牧水の文庫本をポケットから時折取り出し、大きく溜息《ためいき》を吐く。牧水は登山家よりはるかに足腰が強い。中途半端な気持ちで来たことを反省していたが、あらたな山旅を発見した。

二〇二〇年六月二日

沢野《さわの》　ひとし

解説

鈴木みき（イラストレーター）

沢野さんとの出会いは雲取山でした。私が二十五、六歳の頃なので、かれこれ二十年くらい前になります。

「東京都民は二〇〇〇m超のこの山が都内にあることを誇りに思っている」と本書でも書かれているように、雲取山は東京都最高峰二〇一七mの山です。その約二十年前当時、私も都民でしたが沢野さんと登ることになるまでこの山の存在を知りませんでした。都内の山ではせいぜい高尾山の名前を聞いたことがあるくらい。そんな山の初心者がなぜ沢野さんと山で出会うことになったかというと、『ヤマケイＪＯＹ』という雑誌の撮影がキッカケでした。山登りに興味が芽生えた私は、無知をいいことに山の専門誌に「登らせてほしい」と嘆願書を送り、それがたまたま採用されて初仕事が「ワニ眼の画伯・沢野ひとしが歩く残雪の雲取山三日間」の同行者だったのです。実はそれまで知らなかったのは雲取山だけでなく「沢野ひとし」もでした。いま思えば色々と失礼だったと思いますが、山に行ける喜びと緊張で舞い上がっていた私を沢野さんは「君は楽しそうだね」とくすくすと笑っていました。当然ながら山のことに詳しく、登山道をガイドのように先導してもらったのを覚えています。しかし大半はボソボソと意味のわからない冗談を言って編集者とカメラマンを困らせていました。

撮影が無事に終了し、帰りの中央線では私もすっかり打ち解け、雲取山荘の（前）主人、新井《あらい》信太郎《しんたろう》さんが頭に巻いているタオルの中身はなんだろう、夢か、バイオトイレかと、どうでもいい話をどうでもいいように膨らませたりし、ふたりでニヒヒ、ニヒヒと肩を揺すりながら話したのが楽しい思い出です。帰り際だったか「今度、事務所に遊びに来なさい」と言ってもらい、その後は近所だったこともあって週一、二回くらいは事務所に行って、事務員をしていた富士子ちゃんにしょっちゅうお茶を飲ませてもらっていました。そのときのアトリエの雰囲気や画材の匂いが好きだったんですよね。たまに飄々《ひょうひょう》とやってきて仕事もせずに楽器をいじり帰ってしまう沢野さんは不思議な職業だなと思っていました。でもそんな気ままなスタイルにほのかな憧《あこが》れを抱いていて、その一連の行動が見たくて事務所に通っていたのかもしれません。その頃将来に迷っていたフリーターの私に「鈴木さんは面白いから何か自分でやってみればいい」と言ってくださったのは沢野さんでした。めぐりめぐって現在イラストレーターと名乗って仕事をするようになったのは沢野さんの影響がなかったといったら嘘になります。不本意ですが私も「へたうま」と評されるので、そのあたりも「師匠」

と叫んでもいいんじゃないかと、こちらは勝手に思っていますけど。怒られるかな。

思い出話で本の解説がすっ飛んでしまいそうなのでそろそろ。

本書『人生のことはすべて山に学んだ』は二〇一五年に海竜社から出版され、今回はその文庫化です。私は単行本のときにすでに読んでいて、この解説を書くために再読したのですが、五年ぶりに読んでも面白かった！ 挿絵や4コマ劇場はもちろんのこと、どこから読んでも楽しめるので山に行くときにザックに忍ばせるのにピッタリ。その日登った山の頁をテントのなかで読むなんて最高のひとときですからね。昔から文庫本と登山は相性がいいのでこういった山の本の文庫化は嬉《うれ》しいことです。

頁をめくると北から南下するようにひとつの山にひとつのストーリーが並んでいます。エピソードは小学生時代から孫と遊ぶ今に至るまで時間が違和感なく行き交います。同じように山名で区切られ、その山のことが書かれている名著に『日本百名山』や『花の百名山』などがありますが、どれも私の世代からは遠い時代を感じ、登山者として共感するというよりも懐古趣味やその時代のことを知るという側面が大きい気がします。沢野さんも私からすると「登山」の大先輩ですが、まだ一緒に山を登れる先輩です。そのおかげで描かれている登山の様子を身近に感じることができます。とはいえ、「谷川岳」では魔の一ノ倉沢をクライミングし、残雪の「屏風岩」を攀《よ》じり、

「白神岳」「甲武信ヶ岳」「巻機山」などでは沢を遡《そ》行《こう》、「後方羊蹄山」ではバックカントリースキーと、登山道を外れるバリエーションルートも多い。それもこれも「同じ登山」のように書けるのは、沢野さん世代の登山者が「山ヤ」と呼ばれ、「一般的な登山」も「岩」も「沢」も「雪」も分け隔てなくできる人が少なくないからでしょう。次世代になる私たちは、山で何かあると社会的問題にまで発展しやすくなったためか、登山道を外れるのを見て見ぬフリをしてくれる風潮が薄れ、登山の自由さが奪われていると感じます。私は「山ヤ世代」の大きな背中を見ながら登山をはじめたので、沢野さんたちの登山がとても眩《まぶ》しい。適当なところで寝転がったり、ずぶ濡《ぬ》れで歩いたり、そんなことが今は羨《うらや》ましいなと思うんです。

沢野さんと山は何度か行き、いろいろ教えてもらいました。最初にロープを繋《つな》いで岩登りを体験させてくれたのも沢野さんでした。山での沢野さんは案外テキパキとしていた印象があります。出発の準備が私なんかはとくに遅いほうだったので、思い出すのは長身を縮めてイライラしながらタバコを吸っている姿ですね。なんだかそれも「山ヤ」っぽくて眩しいなぁ。

私が登山をはじめて約二十年の間に、登山の装備もスタイルもずいぶん変わりました。例えば本書に登場する山の道具でいうと「ランタン」「ポリタンク」はもう使うことがありません。オイルかガスを燃料にした「ランタン」は、電池や充電式のＬＥ

Dライトになり、水を汲《く》む「ポリタンク」は小さく折り畳める丈夫な袋状の水筒になりました。「山ヤ世代」の共同装備を分担して持ち、仲間と同じテントで寝て、同じ釜《かま》の飯を食うという登山スタイルが減ったからでしょう。「ガスストーブ」も「テント」も二十年前に比べたら格段に小型軽量化し、沢野さんお気に入り食材の生キャベツや玉ねぎ、鮭のちゃんちゃん焼きやつみれ鍋《なべ》を作るための大鍋を担ぎ上げる登山者を学生山岳部の合宿以外では見かけません。いまでは種類豊富になったフリーズドライ食品やレトルトを利用して自分の分だけを小分けし軽量化に努めています。その一方では「山ごはん」を作るために山に行く登山もちょっとしたブームです。「大雪山」に登場する「爆弾」や「霞沢岳」の「ペミカン」は新しい登山者が知ったら真似したくなるメニューではないでしょうか。「食」という部分ではもしかすると「山ヤ世代」に戻っている可能性があります。おいしいものを食べたいという胃袋の欲求は今も昔も変わらないですからね。

　このように登山はより個人的なものになり、楽しみ方も「登頂」だけにとどまらず「プラスアルファ」の趣味やこだわりを持つスタイルが主流になったといえるでしょう。私は「山ヤ世代」と今から十年ほど前に若い女性を中心に巻き起こった登山ブームで生まれた「山ガール世代」との狭間《はざま》の不毛な世代なので、その変遷を見られたことはラッキーだと思っています。装備の進化や登山スタイルの多様化は歓迎できることだとは思いますが、どんどん登山道もよくなり、山小屋のサービスが向上し、以前より私たち登山者がずいぶん甘やかされてきていることには少し不安があります。不便だったがゆえに命がけな「山ヤ世代」の山行を読むと、胸がチクッと痛くなるのはなぜでしょう。進化に迎合しノホホンと登山しているのが恥ずかしくなるのでしょうか。過去を見捨てて思えば遠くへきたもんだと気づいてしまうからなんでしょうか。

「山ってこれでいいんだよな……」本書を読み終わってそんなことを考えてしまいました。なんだか不思議と原点回帰して重い荷を背負って仲間と泥臭い登山をしたくなってきました。そういう登山ってむしろロマンチックなんですよね。思い返せば、沢野さんと行った山ではいつもランタンのシューッという音がしていたっけ。あれけっこうロマンチックだったのかも。あのときはうるさいと思っていたけど。私も年だな。

　最後にまた思い出話になりますが、本書で唯一（登場はしませんが）一緒にいた山があります。「涸沢岳」です。沢野さんから友人の捜索で涸沢岳西尾根に入るから炊き出し部隊として来ないかと声がかかり向かった山です。本編にもある「カメラが見つかった日」がそのときの捜索です。事故があってから時間が経っていたので現場は穏やかでしたが、それまでなにひとつ遺留品が見つかっていなかったのにカメラマンの命のようなカメラが出てきたのですから急に騒然となりました。ご遺族は淡い希望が消えた瞬間でもあり複雑だったと思いますが、その夜にみんながひどく酔っぱらって故人の話で盛り上がっていたのが忘れられません。このときの経験から仲間の大切さや山の厳しさ、悲しさを教わったと思っています。沢野さんは息子がカメラを発見したことがよほど誇らしかったのか、その晩から帰りの車までずっと自慢し続けていました。

こうして書いてみると、本当に人生の恩人なんだなと。私は「人生のことはだいたいワニ眼に学んだ」のかもしれない。いや、それは困る。

思い出を振り返るばかりで解説になっているかは自信がないけれど、こんなふうに沢野さんとのことを書く機会をいただいてよかった。感謝します。

沢野さん、また久々に山でも行きましょう。お礼はそのときに直接言います。

山の掟
ゴミは持って帰る
メールをうかつに交換しない
あの…
変な人はどこにもいる
ウオーッ
ワシを撮るのか
すべてのものをいじめない

参考文献

『新日本山岳誌』
日本山岳会（ナカニシヤ出版）
『日本山名事典』（三省堂）
『日本百名山』深田久弥（新潮社）
『日本の山1000』（山と溪谷社）
『東京周辺の山』ワンゲルガイドブックス
（山と溪谷社）
『日本二百名山登山ガイド』上・中・下
（山と溪谷社）
『日本百名山地図帳』（山と溪谷社）
『花の百名山登山ガイド』上・下
（山と溪谷社）
『中高年向きの山100コース　関東編』
浅野孝一（山と溪谷社）
『高山の花』永田芳男（山と溪谷社）
『鳥瞰図で楽しむ日本百名山』
（成美堂出版）
『山のことば辞典』豊田和弘（河出書房新社）
『中高年のための日本の三千メートル峰』
八重　勉（ペガサス）
『ウォーターウォーキング』1・2
丹沢ネットワーク（白山書房）
『新版　日本の岩場』上
菊地敏之（白山書房）
『百名山パノラマ案内』（白山書房）
『リフトで登る日帰り山スキー特選ガイド』
佐藤　明（白山書房）
『新・花の百名山』田中澄江（文藝春秋）
『わたしの草と木の絵本』坂本直行（茗溪堂）
『私の草木漫筆』坂本直行（茗溪堂）

山に持ち込まない
うっとりする
化粧品
大金
ゴルフ
バッグ
ダンベル

早くおいで

本書は、二〇一五年十一月に海竜社より刊行された単行本『人生のことはすべて山に学んだ　沢野ひとしの特選日本の名山50』を改題し、加筆修正のうえ、文庫化したものです。

人《じん》生《せい》のことはすべて山《やま》に学《まな》んだ

沢《さわ》野《の》ひとし

令和２年　７月25日　初版発行
令和６年 11月25日　５版発行

発行者●山下直久

発行●株式会社KADOKAWA
〒102-8177　東京都千代田区富士見2-13-3
電話　0570-002-301（ナビダイヤル）

角川文庫 22245

印刷所●株式会社KADOKAWA
製本所●株式会社KADOKAWA

表紙画●和田三造

ISBN 978-4-04-109206-4　C0195

◆◇◇

角川文庫発刊に際して

角川源義

第二次世界大戦の敗北は、軍事力の敗北であった以上に、私たちの若い文化力の敗退であった。私たちの文化が戦争に対して如何に無力であり、単なるあだ花に過ぎなかったかを、私たちは身を以て体験し痛感した。西洋近代文化の摂取にとって、明治以後八十年の歳月は決して短かすぎたとは言えない。にもかかわらず、近代文化の伝統を確立し、自由な批判と柔軟な良識に富む文化層として自らを形成することに私たちは失敗して来た。そしてこれは、各層への文化の普及滲透を任務とする出版人の責任でもあった。

一九四五年以来、私たちは再び振出しに戻り、第一歩から踏み出すことを余儀なくされた。これは大きな不幸ではあるが、反面、これまでの混沌・未熟・歪曲の中にあった我が国の文化に秩序と確たる基礎を齎らすためには絶好の機会でもある。角川書店は、このような祖国の文化的危機にあたり、微力をも顧みず再建の礎石たるべき抱負と決意とをもって出発したが、ここに創立以来の念願を果すべく角川文庫を発刊する。これまで刊行されたあらゆる全集叢書文庫類の長所と短所とを検討し、古今東西の不朽の典籍を、良心的編集のもとに、廉価に、そして書架にふさわしい美本として、多くのひとびとに提供しようとする。しかし私たちは徒らに百科全書的な知識のジレッタントを作ることを目的とせず、あくまで祖国の文化に秩序と再建への道を示し、この文庫を角川書店の栄ある事業として、今後永久に継続発展せしめ、学芸と教養との殿堂として大成せんことを期したい。多くの読書子の愛情ある忠言と支持とによって、この希望と抱負とを完遂せしめられんことを願う。

一九四九年五月三日

角川文庫ベストセラー

あやしい探検隊 済州島乱入　椎名誠

今度は済州島だ！ シーナ隊長と隊員は気のいい現地ガイド兼通訳・ドンス君の案内で島に乱入。総勢17人がクルマ2台で島を駆け巡る。笑いとバカと旨いもの盛りだくさん、「あやしい探検隊」再始動第2弾！

さらばあやしい探検隊 台湾ニワトリ島乱入　椎名誠

シーナ隊長の号令のもとあやしい面々が台湾の田舎町に集結し、目的のない大人数合宿を敢行！ ニワトリ集団と格闘し、離島でマグロを狙い、小学生たちと真剣野球勝負。〝あやたん〟シリーズファイナル！

ばかおとっつあんにはなりたくない　椎名誠

ただでさえ「こまったものだ」の日々だが、最も憎むべきは、飛行機、書店、あらゆる場所に出没する「ばかおとっつあん」だ!? 老若男女の良心にスルドク突き刺さる、強力エッセイ。

ひとりガサゴソ飲む夜は……　椎名誠

旅先で出会った極上の酒とオツマミ。痛恨の二日酔い体験。禁酒地帯での秘密ビール——世界各地、どこにいても酒を飲まない夜はない！ 酒飲みのヨロコビと悲しみがぎっしり詰まった絶品エッセイ！

麦酒泡之介的人生　椎名誠

時に絶海の孤島で海亀に出会い、時に三角ベース野球で汗まみれになり、ウニホヤナマコを熱く語る。朝のヒンズースクワット、一日一麺、そして夜には酒を飲む。ビール片手に人生のヨロコビをつづったエッセイ！

角川文庫ベストセラー

山人《やまうど》として生きる
８歳で山に入り、１００歳で天命を全うした伝説の猟師の知恵

志田忠儀

８歳で山に入り、15歳でクマを撃ち、山に生きてきた男・志田忠儀。猟、釣り、キノコ採りで生き、朝日連峰の山小屋の管理や遭難救助、自然保護運動も行ってきた。山に暮らすすばらしさを教えてくれる１冊。

神々の山嶺《いただき》（上）

夢枕獏

天賦の才を持つ岩壁登攀者、羽生丈二。第一人者となった彼は、世界初、グランドジョラス冬期単独登攀に挑む。しかし登攀中に滑落、負傷。使えるものは右手と右足、そして――歯。羽生の決死の登攀が始まる。

神々の山嶺《いただき》（下）

夢枕獏

死地から帰還した羽生。伝説となった男は、カトマンドゥにいた。狙うのは、エヴェレスト南西壁、前人未到の冬期単独登攀――！　山に賭ける男たちの姿を描ききり、柴田錬三郎賞に輝いた夢枕獏の代表作。

ヒマラヤ漂流
『神々の山嶺』へ

夢枕獏

２０１５年３月、夢枕獏と仲間たちは聖なる山々が連なるヒマラヤを訪れた。標高５０００メートル超の過酷な世界で物語を紡ぎ、絵を描き、落語を弁じ、蕎麦を打つ。自ら撮影した風景と共に綴る写真＆エッセイ。

呼ぶ山
夢枕獏山岳小説集

夢枕獏

山を愛し、自らも山に登ってきた著者の作品群より、山の臨場感と霊気に満ちた作品を厳選し、表題作を併録。山の幻想的な話、奇妙な話、恐ろしい話など山のあらゆる側面を切り取った、著者初の山岳小説集！